JN384719

胎教新記大全

이 도서의 국립중앙도서관 출판예정도서목록(CIP)은 서지정보유통지원시스템 홈페이지 (http://seoji.nl.go.kr)와 국가자료공동목록시스템(http://www.nl.go.kr/kolisnet)에서 이용하실 수 있습니다.(CIP제어번호: CIP2018022571)

국립중앙도서관 출판사도서목록(CIP)

胎教新記大全
저자: 이사주당 ; 언해: 유희 ; 필사: 이순금.
-- 서울 : 다운샘, 2018 p. ; cm

권말에 영인본 수록
한자를 한글로 번역
ISBN 978-89-5817-434-9 03470 : ₩32000

태교 신기[胎教新記]

598.10212-KDC6
649.10242-DDC23
CIP2018022571

目次

胎敎新記章句大全

第1章　只言敎字

第2章　只言胎字

第3章　備論胎敎

第4章　胎敎之法

胎教新記序

夫二儀構精醇醨未分四大成形聖凡已判是以端莊之化可以育明聖之德勛華之導不能變均朱之惡蓋未分則教可從心已判則習不移性此胎教之所以重也柳夫人李氏完山世族春秋今八十有三幼而好書淹明經訓旁貫載籍寄意高秀以爲世之才難胎教之不行也乃採綴典訓遺意先達微旨凡姙婦之心志事爲視聽起居飮食之節皆參經禮而垂範綜墳記而烱鑑酌醫理而啓悟出入抄奧勒成一編子西陂子儆離章辨句而釋之是謂胎教新記

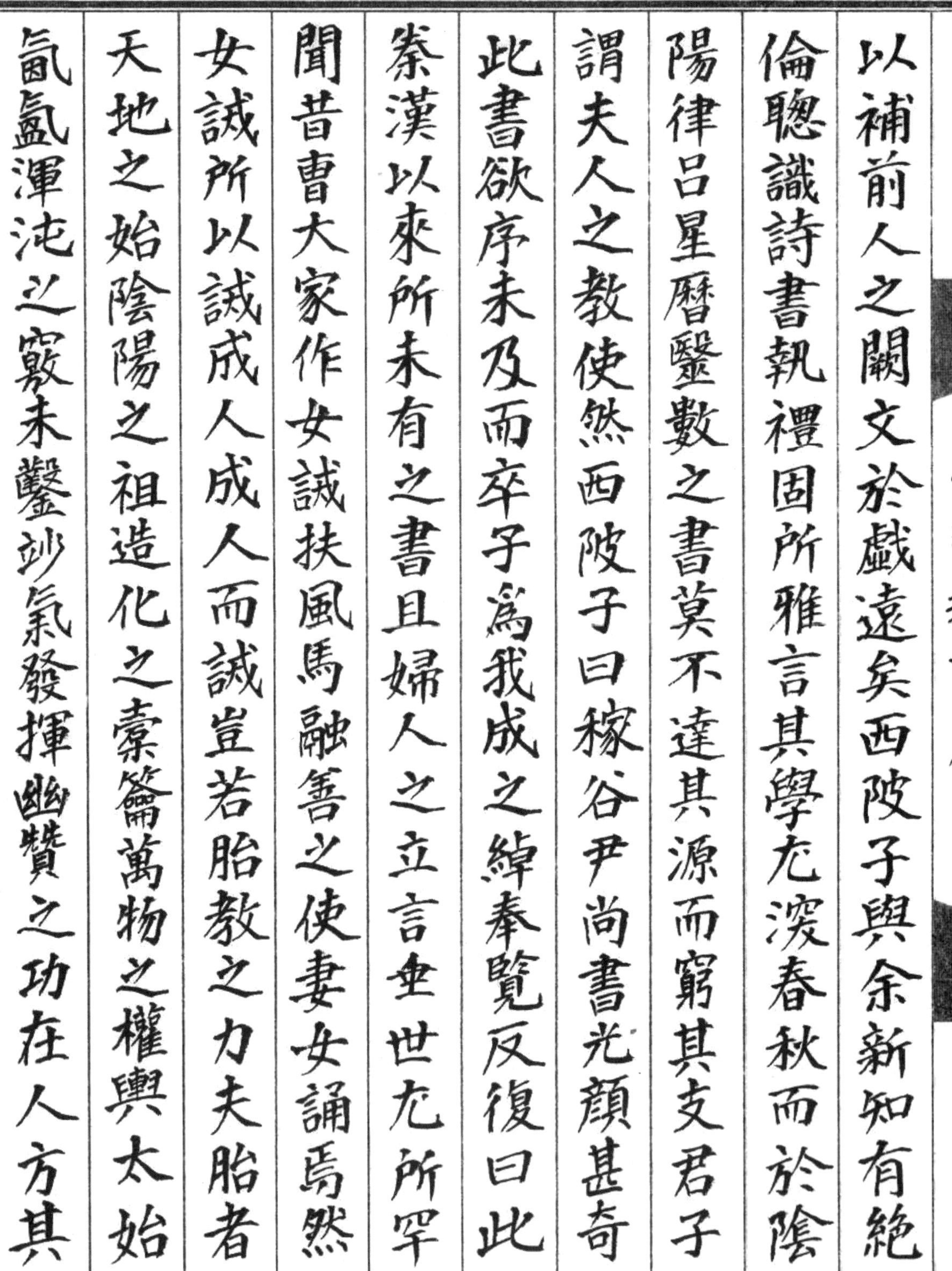

以補前人之闕文於戲遠矣西陂子與余新知有絶倫聰識詩書執禮固所雅言其學尤邃春秋而於陰陽律呂星曆醫數之書莫不達其源而窮其支君子謂夫人之教使然西陂子曰稼谷尹尚書光顔甚奇此書欲序未及而卒子爲我成之綽奉覽反復曰此秦漢以來所未有之書且婦人之立言垂世尤所罕聞昔曹大家作女誡扶風馬融善之使妻女誦焉然女誡所以誡成人成人而誡豈若胎教之力夫胎者天地之始陰陽之祖造化之橐籥萬物之權輿太始氤氳渾沌之竅未鑿玅氣發揮幽贊之功在人方其

陰化保衛脈養月改靈源之吁吸流通奇府之榮血
灌注母病而子病母安而子安性情才德隨其動靜
哺啜冷暖爲其氣血未施斧藻龍鳳之章闇就事同
埏埴瑚璉之器先表學有生知敎不煩師用是道也
故曰賢師十年之訓未若母氏十月之敎覽此書者
誠能昭布景訓衿珮諸媛庶見金環載肅無非義訓
而王國克生盡爲思皇矣　純廟卄一年辛巳重陽
後日平州申綽謹序

胎教新記序

胎教新記音義序略

始寅普閱西陂柳先生僖所著書目有曰胎教新記音義意其爲少儀內則胎教之旨而未知爲誰作而先生釋之後讀先生文錄考妣墓誌知先生母李淑人邃經晰禮先生早喪考木川君其學受自淑人淑人旣老著胎教新記傳於家又見申石泉綽木川君曁淑人合葬墓碣趙東海琮鎭先生誌皆推服是書石泉又爲之序以爲出入妙奧寅普亟思讀其書就先生曾孫德永徧檢遺書卒不得謂其佚也今年抄冬德永從父第近永自嶺之醴泉千里相訪出一編

則先生手書胎教新記音義也寅普驚喜殆不自定不惟十載耿耿一朝而償久願以先生卓犖閎碩而淑人訓之知先生者當知淑人之學爲何如而是書實淑人平生心力所凝聚此而不傳於震域學術遺恨至鉅乃幾不傳而傳其爲幸可勝道哉淑人在室習經讀六藝百家之言旣歸木川君木川君又負絶學夫婦衎衎講明古聖賢指義旁治曆筭至律呂靈素靡所不儷偕暨木川君汲則嫥意教先生夫其勤勤於腹胎以預其薰化繼之苦心纂綴思廣其道於後則其養之於旣生導之於旣長者不待言也追淑

人晩節先生道行俱高著述滿家先生同毋姊妹三
人皆端莊有文淑人之爲是書固驗諸己而徵親見
之實與虛依於理而設其言者異矣胎教之說昉見
於載記然已略晩世遠西始言優生優生者優其生
也凡尫儜悴癆癲癡瘡毒諸惡疾浸淫綿聯終以瘯
蠡族類則明爲之防用粹其良其說視蠱養療餌爲
玄遠盖以彼治其成此事其先然亦止於是而已至
其養之於氤氳之初制術猶踈矧仁煦義範德教眇
化去之固邈然也淑人之書首重父行毋儀俾懷子
之毋率由順正以御氣血而方化者象焉觀其博究

精辨謂世多不肖非氣數使然孤懷瓌識可謂前無古人矣或目見則論見物而變或耳聞則論聞聲而感其說體理縝栗冥會幼眇居養事爲坐動行立寢卧飲食皆審碻周詳其言存心也曰延醫服藥足以止病不足以美子貌汎室靜處足以安胎不足以良子材子由血成而血因心動其心不正子之成亦不正姙婦之道敬以存心毋或有害人殺物之意奸詐貪竊妬毁之念不使蘖芽於胸中然後口無妄言面無歉色若斯須忘敬已失之血矣嗚呼豈非所謂造之深而體之切者耶此講學之精言足以頡頏前賢

其徒以胎教垂後則自以婦人珩璜造次思不越其
位故也盖其講之至明察之至密古之言胎教至是
克底成典為數千年來所未有衡諸遠西兼包有優
生家言而其洞本原操心御血優生家所莫逮苟行
之廣而群以則焉雖俊乂比屋可也其毗輔人群豈
有旣哉自女教中襄　昭惠后内訓以外域中閨壺
以經禮著述傳者絶鮮　肅　英以後樸學起而洪
淵泉奭周母徐氏名能文僅傳其詩徐楓石有榘兄
有本夫人李氏淵博冨聞著閨閤叢書今其書存否
未可知其有書以傳而書又関係世道則獨淑人為

然假使沿襲興訓猶爲綦重況其獨綜微言妙達天
人如淑人而是書至今不大傳値寰宇多故人物眇
然之日撫遺篇而回皇又安能不重爲之致慨也雖
然淑人之著而先生之釋其精爽彌亘久遠決不沈
湮子孫之圖其傳無苟於一時而必思先世潔修之
節以期其不累重而愼之所以善其傳也淑人生
英祖己未卒于　純祖辛巳書之成在　正祖季年
又一年而音義就先生自稱子男儆實先生初名而
書末附以正音讀解詞語高古有法慮出自淑人玆
又承學者所宜葆貴也近永志刊先生全書首事是

書寅普爲序其略如此云丙子十二月後學鄭寅普

謹書

胎教新記目錄

胎教新記目錄

教去聲後同　數去聲　內則禮記篇名

胎教新記章句大全

晉州柳氏婦師朱堂完山李氏著　子男儆釋音義

女範曰上古賢明之女有娠胎教之方必愼（女範 明範婦劉氏所著）今考之諸書其法莫有詳焉自意求之葢或可知矣余以所嘗試於數四娠育者錄爲一編以示諸女非敢擅自著述夸燿人目然猶可備內則之遺闕也故名之曰胎教新記

人生之性本於天氣質成於父母氣質偏勝馴至乎蔽性父母生育其不謹諸（勝如字馴音殉諸語助辭）

馴順習也蔽掩使不見也朱子曰天命與氣質亦

相亥同纔有天命便有氣質若無此氣則此理如何頓放天命之性本未嘗偏但氣質所禀卻有偏處蓋此氣承載此理而行氣有傾向理不得不隨故氣質之性用事既久遂能掩蔽本然之至善實由於男女未謹胎教使其方至之氣方凝之質不得中正而然也○此節首言人生氣質之由

父生之母育之師教之一也善醫者治於未病善斅者斅於未生故師教十年未若母十月之育母育十月未若父一日之生 斅音効

生指入胞也育指養胎也教誨也斅亦教也十月

自入胞至解産月數也入胞之後尠合成胎母之十二經脈分月遞養始于足厥陰終于足太陽而手太陽手少陰則下主月水止爲乳汁故不在養胎之數餘計十箇月乃産也○此節言教有本末

胎教爲本師教爲末

夫告諸父母聽諸媒氏命諸使者六禮備而後爲夫婦日以恭敬相接無或以褻狎相加屋宇之下牀席之上猶有未出口之言焉非內寢不敢入處身有疾病不敢入寢身有麻布不敢入寢陰陽不調天氣失常不敢宴息使虛欲不萌于心邪氣不設于體以生

士昏 禮儀 禮篇 名 滴正 也 衰縗 同 坎水 喻腎 离火 喻心

其子者父之道也詩曰相在爾室尚不愧于屋漏無
曰不顯莫予云覯神之格思不可度思 夫告之夫音扶諸語助辭
使者之使相在之相並去聲思終語辭度入聲
聽聽從也媒氏周禮掌男女之娶嫁者命謂送致
詞命也士昏禮納采問名納吉納徵請期親迎凡
六禮惟親迎無使者猶有未出口之言謂敬以相
憚不敢盡言心內之私也內寢妻之適室也麻經
布衰謂喪服也不調失常謂隆寒盛暑烈風雷雨
之類也宴息謂安寢也坎水不涸則虛欲不萌离
火常明則邪氣不設如是然後神旺精盛生子而

才且壽也詩大雅抑之篇相視也屋漏室西北隅也覯見也格至度測也言視爾獨居之時猶不愧于幽深之處而後可爾無曰此非顯明而莫有見者當知鬼神之妙無物不體其至於是有不可得而測矣○此節言胎教之道始自男女居室之間而其責專在於父

受夫之姓以還之夫十月不敢有其身非禮勿視非禮勿聽非禮勿言非禮勿動非禮勿思使心知百體皆由順正以育其子者母之道也女傳曰婦人姙子寢不側坐不偏立不蹕不食邪味割不正不食席不

詩麟趾篇 文樂記禮 名 任去 聲 說音 雲

正不坐目不視邪色耳不聽淫聲夜則令瞽誦詩道
正事如此則生子形容端正才過人矣 知傳並去聲 偏本作邊義
同躧讀 彼智反

古者爲子孫爲姓詩云振振公姓有私有也非禮
勿視以下十六字論語文使心知以下九字樂記
文女傳漢劉向所著列女傳姙姙娠懷子也寢寐
也側反同不正也偏邊同一邊也躧跛同偏任也
邪味饌品之奇巧者邪色容色之妖冶者淫聲音
樂之襍亂者瞽樂師無目者詩孔子所刪三百篇
也道說也正事正人君子之事也陳氏曰婦人姙

春秋穀梁傳 無行以下論語 文聲色以下中庸文

子坐立視聽言動無不一出於正然後生子形容端正才能過人矣○此節言胎敎之責專在於女

子長羈丱擇就賢師師敎以身不敎以口使之觀感而化者師之道也學記曰善敎者使人繼其志長去聲羈丱音奇慣

羈束髮也丱兩角貌春秋傳曰羈丱成童師敎以身猶曰無行而不與二三子者也不敎以口猶曰聲色之於以化民末也觀目觀感心感化身化也學記禮記篇名繼其志者人樂倣傚也○此節言旣長之後責在於師

是故氣血凝滯知覺不粹父之過也形質寢陋才能不給母之過也夫然後責之師師之不教非師之過也知過並去聲能乃代反夫音扶後同

粹精純也寢醜陋也能耐同才力也給之爲言足也○此節結上三節之意而言子有才知然後專責之師

右第一章只言教字○此章言氣質之病由於父母以明胎教之理

夫木胎乎秋雖蕃廡猶有挺直之性金胎乎春雖勍利猶有流合之性胎也者性之本也一成其形而教

之者末也 廡古通蕪 勍音黥

陰陽家木胎於酉生於亥旺於卯絕於申金胎於卯生於巳旺於酉絕於寅挺上抽也性指氣質之性木是柔物而猶能挺逌者禀乎秋也金是剛物而猶能流合者禀乎春也性之得於胎教者如此一成其形謂木芽金礦及人之産也○此節言物之性由於胎時之養

胎於南方其口闊南方之人寬而好仁胎於北方其鼻魁北方之人倔強而好義氣質之德也感而得乎十月之養故君子必愼之爲胎 闊宏通 倔音掘

閼湙大也魁高舉也南方水湙故口閼北方山高故鼻魁孔子曰寬柔以教不報無道南方之強也袵金革死而不避北方之強也德性之効也○此節略舉以見人之性由於胎時之養

右第二章只言胎字○此章引譬以見胎教之効

古者聖王有胎教之法懷之三月出居別宮目不衰視耳不妄聽音聲滋味以禮節之非愛也欲其教之豫也生子而不肖其祖比之不孝故君子欲其教之豫也詩曰孝子不匱永錫爾類 衰古邪字 匱音饋

梁顏之推家訓

比三以下大戴禮文

荷上聲升一作斗調平聲種上聲

古者聖王以下三十三字顏氏家訓文懷之三月始知胎也出居別宮欲寧靜也目不衺視正容貌也耳不妄聽絶襍語也音聲滋味以禮節之卽所謂比三月若王后所求聲音非禮樂則太師撫樂而稱不習所求滋味非正味則太宰荷升不敢煎調而曰不敢者也愛憐惜也豫先事也肖似也子不肖祖比之無後故其父自為不孝也詩大雅旣醉之篇匱竭錫賜也言孝子之種不竭長賜以汝之類也○此節言古人有胎教而其子賢

令之娠者必食恠味以悅口必處凉室以泰體閒居

謊虛語

無樂使人諧語而笑之始則誑家人終則久卧恒眠誑家人不得盡其養久卧恒眠榮衛停息其損之也悖待之也慢惟然故滋其病而難其產不肖其子而墜其家然後歸怨於命也閒音閑樂音浴養去聲誑俱曠反

諧語謂可笑謊說也誑欺瞞也盡盡其道也血行爲榮氣行爲衛周流一身者也息止也損姙婦自護也待謂他人待姙婦也滋益也家謂家聲也命命數也○此節言今人無胎敎而其子不肖

夫獸之孕也必遠其牡鳥之伏也必節其食果蠃化子尚有類我之聲是故禽獸之生皆能肖母人之不

空去聲

肖或不如禽獸然後聖人有恒然之心作爲胎教之法也 遠袁萬反伏去聲 果亦作蜾蠃上聲

遠遠之也獸之雄曰牡鳥抱卵曰伏果蠃細腰蠭卽蒲盧也純雄無子取桑虫附之於木空中祝之曰類我類我七日而化爲其子禽獸多知母而不知父故只曰肖母恒然傷痛貌○此節言以人而不可無胎教

右第三章備論胎教

養胎者非惟自身而已也一家之人恒洞洞焉不敢以忿事聞恐其怒也不敢以凶事聞恐其懼也不敢

七

以難事聞恐其憂也不敢以急事聞恐其驚也怒令子病血懼令子病神憂令子病氣驚令子癲癇養去聲後凡言養胎同洞上聲聞去聲難平聲癲亦作瘨

自身指姙婦而言也洞洞敬謹貌怒則氣逆而血迫懼則氣下而神散憂傷肺肺主氣驚傷膽膽屬木癲癇風木疾在小兒為驚風○此節首舉胎教之大段

與友久處猶學其為人況子之於母七情肖焉故待姙婦之道不可使喜怒哀樂或過其節是以姙婦之旁常有善人輔其起居怡其心志使可師之言可法

惡去聲 欲慾同

之事不聞于耳然後惰慢邪僻之心無自生焉待姙婦處上聲 樂音洛 間音澗爲人謂心術也七情喜怒哀懼愛惡欲也可師之言可法之事謂古人之嘉言善行也間間斷也末句復言待姙婦者總名此節也下十一節倣此○

胎教之法他人待護爲先

姙娠三月形象始化如犀角紋見物而變必使見貴人好人白璧孔雀華美之物聖賢訓戒之書神仙冠珮之畫不可見倡優侏儒猿猴之類戲謔爭鬪之狀刑罰曳縛殺害之事殘形惡疾之人虹霓震雷日月

醫學入門 李梴 著

經候 血

腪 音運

惡 入聲

薄蝕星隕彗孛水漲火焚木折屋崩禽獸溪洪病傷

及汚穢可惡之蟲娠婦目見 娠音申象像通冠女字 孛入聲可惡之惡去聲

醫學入門曰夫人之有生也精血日化從有入無

中竅日生從無入有自然旋轉九日一息次九又

九九二十七日即成一月之數凝成一粒如露珠

然乃太極動而生陽天一生水謂之胚此月經閉

無潮無痛飲食稍異平日不可觸犯及輕率服藥

又三九二十七日即二月數此露珠變成赤色如

桃花瓣子乃太極靜而生陰地二生火謂之腪此

月腹中或動不動猶可狐疑若吐逆思酸名曰惡

涕鼻液 絨絲名

壽世保元 明醫書名 空去聲

阻有孕明矣又三九二十七日卽三月數百日間變成男女形影如清鼻涕中有白絨相似以成人形鼻與雌雄二器先就分明其諸全體隱然可悉斯謂之胎乃太極之乾道成男坤道成女此時胎最易動不可犯禁忌所謂形象始化也犀南方猛獸似豕黑色三角一在頭上一在額上一在鼻上角色明黃往往有黑紋如物形多由其母相感時所目見而生也必使以下十一字壽世保元文貴人有爵位之人好人有德長老也璧玉名圓而有空孔雀鳥名尾翠而長有異彩冠冠冕珮珮玉謂

公羊春秋

冠珮之朝官也倡優卽今之才人花郎侏儒卽今之難長皆所以爲戱者猿猴二獸名寓屬似人人家馴之以供玩弄謔戱語也曳過曳也縛綁縛也殘形如眇躄無唇之類惡疾如狂癎瘖癩之類霓雌虹也震雷擊物也薄蝕相薄而食也朔而月過日下則日蔽不見望而日月正相當則月入地影而光沒皆其形漸漸犯入如蟲食葉故曰蝕自上而下曰隕春秋作霣彗妖星有芒而長尾如掃篲孛失行之星也漲水大至也焚燒之壯也淫淫亂也泆淫貌淫泆病傷並指禽獸而言也汚穢如蝸

歇

蜴之屬可惡如蛇蝎之屬○自正其心者先謹目見

人心之動聞聲而感婬婦不可聞淫樂淫唱市井喧譁婦人誶罵及凡醉酗忿辱傢哭丛聲勿使婢僕入傳遠外無理丛語惟宜有人誦詩說書不則彈琴瑟婬婦耳聞 樂音岳誶音祟酗兄赴反說音雪不平聲

淫樂如巫覡迎神佛事請衆之類淫唱如倡優打量兒童時調之類吉者八家同井相救助故民居謂之井誶詬語也酗醉怒也傢哭聲也遠外遠方相外之地無理丛語謂鄙俚褻談也詩指三百篇

乃樂府歌行誦之取其音響也書指經書及先儒文字說之取其旨義也彈手彈也○旣謹目見耳聞次之

延醫服藥足以止病不足以美子貌汎室靜處足以安胎不足以良子材子由血成而血因心動其心不正子之成亦不正姙婦之道敬以存心毋或有害人殺物之意奸詐貪竊妒毀之念不使蘖芽於胸中然後口無妄言面無歎色若斯須忘敬已失之血矣姙婦存心汎音信處上聲毋無通歎訶歟反

延迎致也飮藥曰服汎洒也謂洒水而掃之也良

令去聲　養上聲　繆音謬

亦美也材猶質也血心並指毋而言也毋禁止辭
奸以心欺詐以言欺也貪明取財竊暗取財也妒
心忌人毁言誣人也念意之發也蘖芽言如艸木
之始萌也歉不足也斯須猶言須臾也失之血謂
血不由其行也蓋人之百體皆聽令於其心故其
心一正而耳目聰明血氣和平施之百事莫不順
成然素無涵養則心不可猝正故君子必愼之於
視聽言動無或由非禮者所以爲此心常惺惺地
也今若不務乎主敬而徒區區於耳目鼻口之末
節則本源已繆百體不順故胎教之法尤當以存

心爲主○視聽旣正然後心正
姙婦言語之道忿無厲聲怒無惡言 句 語無搖手笑無見矧與人不戲言不親詈婢僕不親叱鷄狗勿誑人勿毁人無耳語 句 言無根勿傳非當事勿多言姙婦言語

言語耳語之語上聲語無之語去聲當亦去聲見音現惡入聲傳平聲

直言曰言論難曰語厲猛也惡言不順之言也搖手如抵掌揶揄之類矧齒本也不親者使人代之也叱詈聲也誑人謂詐語毁人謂誣語也言無根猶曰無稽之言也當事凡謀事成務皆是也○心正則言正

居養不謹胎之保危哉 姙婦旣姙夫婦不同寢衣無太溫食無太飽不多睡臥須時時行步不坐寒冷不坐穢處勿聞惡臭勿登高厠夜不出門風雨不出不適山野勿窺井塚勿入古祠勿升高臨深勿涉險勿擧重勿勞力過傷勿妄用鍼灸勿妄服湯藥常宜淸心靜處溫和適中頭身口目端正若一 姙婦居養 養去聲穢處之處亦去聲靜處之處上聲不適之適音迹適中之適音的

居自居養受養也衣無太溫以下十七字勿涉險以下二十一字並毉學入門文勿登高厠四字毉學正傳文適中適天時之中也○外養則居處爲

惡去聲 銛音纖 飧音湌

先

姙婦苟無聽事之人擇爲其可者而已不親蠶功不登織機縫事必謹無使鍼傷手饌事必謹無使器墜破水漿寒冷不親手勿用利刀無刀割生物割必方正姙婦事爲 聽去聲 饌音撰

聽任之也可者謂無妨之事也不蠶惡其殺生也不織惡其撳體也鍼傷手則身驚器墜破則心驚親手猶言着手也利刀銛刃之刀也生物謂鷄雀魚蟹之類方正指凡肉菜餅飧而言也○居養亦不得全無事爲

任去聲

姙婦端坐無側載無倚壁無箕無踞無邊堂坐不取高物立不取在地取左不以右手取右不以左手不肩顧彌月不洗頭姙婦坐動（洗西啓反）

側載身任一邊也倚依也箕展足踞垂足也邊堂于堂之邊也肩顧謂顧而轉肩也彌月猶言滿朔也動指坐不取以下而言也○事爲不可常故次之以坐

姙婦或立或行無任一足無倚柱無履危不由仄逕升必立降必坐勿急趨勿躍過姙婦行立（降音絳）

履踐也升升必立不坐升階也降必坐不立降階也

過指潚渠而言也○人不可以常坐故次之以行
姙婦寢臥之道寢毋伏臥毋尸身毋曲毋當隙毋露
臥大寒大暑毋晝寢毋飽食而寢彌月則積衣支旁
而半夜左臥半夜右臥以爲度姙婦寢臥伏旁並如字度去聲
尸仰臥曲屈臥也隙戶穴也露無庇也積襞積也
支拄旁脇也度常法也○行立之久必有寢臥
姙婦飮食之道果實形不正不食蟲蝕不食腐壞不
食瓜蓏生菜不食飮食寒冷不食食饐而餲魚餒而
肉敗不食色惡不食臭惡不食失飪不食不時不食
肉雖多不使勝食氣服酒散百脉驢馬肉無鱗魚難

産麥芽葫蒜消胎莧菜蕎麥薏苡墮胎薯蕷旋葍桃
實不宜子狗肉子無聲兎肉子缺脣螃蟹子橫生羊
肝子多厄鷄肉及卵合糯米子病白蟲鴨肉及卵子
倒生雀肉子淫薑芽子多指鮎魚子疳蝕山羊肉子
多病菌蕈子驚而夭桂皮乾薑勿以爲和獐肉馬刀
勿以爲臛牛膝鬼箭勿以爲茹欲子端正食鯉魚欲
子多智有力食牛腎與麥欲子聰明食黑蟲當產食
鰕與紫菜姙婦飮食食寒食饐食氣之食音嗣瀛音贏饐於曁反餒農猥反餲烏邁
反惡勝並如字散去聲葫音蝴蒜些鏍反去聲莧音晛墮音朶薯蕷音署預富音福糯音懦鮎烏兼反疳
音甘箘期準反蕈音尋乾音干臛音臛當去聲

萵苣音窩粔　飪而甚反　得効方危亦林著　黃顙俗名銅雀魚鰻鱺俗

蟲蝕壞亦指果實而言也蓏諸瓜總名生菜如萵苣菘葉之類飲水漿也食飯也食饐以下三十五字論語文饐飯傷熱溼也餲味變也魚爛曰餒肉腐曰敗色惡臭惡味亦將變也飪烹調生熟之節也不時五穀未成果實未熟之類服酒以下十六条皆禁忌之由也服酒散百脉五字得効方文驢馬以下至子驚而夭見醫學入門而本文無蕎麥二字及薯蕷以下九字無鱗魚黃顙鰻鱺之屬葫蒜大蒜也莧有六種此言菜指人莧也蕎麥木麥也薏苡草實名殼薄者可作穀食薯蕷山藥也

名蛇長魚脆毳同粘音鮎駢頻眠反

旋葍艸名蔓生花似牽牛而紅色根似薯蕷而細甘脆可蒸食糯粘稻也白蟲寸白蟲也雀黃雀也多指莊子所謂駢拇枝指也鮎魚無鱗有涎背青黑生江湖中首有香氣疳蝕口中惡瘡也地生曰菌木生曰蕈皆溼氣所成也驚驚風也桂皮桂木皮也乾薑乾白之薑也和如商書若作和羹之和言以桂薑爲粉調和餅餈也馬刀蛤名偏長如斬馬刀生沙水中臛肉羹也牛膝艸名葉似酸漿節如牛節故得名鬼箭木名叢生身有四恐如箭之羽故名曰鬼箭羽其葉可作菜食茹食菜也乾薑

馬刀散氣獐肉桂皮牛膝鬼箭皆墮胎故不食欲子端正以下十八字壽世保元文腎臟名麥大麥也黒蟲生海中卽海蔘也當產猶言臨產也蝦乾蝦也紫菜卽海藿也○寢起必食食最重故在後姙婦當產飮食充如也徐徐行頻頻也無接襍人子師必擇痛無扭身句偃卧則易產姙婦當產扭音狃易去聲充如言常實也頻頻少休復行也子師若今之乳母也內則曰擇於諸母與可者必求其寬裕慈惠溫良恭敬愼而寡言者使爲子師扭紋轉也偃卧倚物仰面而卧也○胎教止於產故以產終焉

腹子之母血脉牽連呼吸隨動其所喜怒爲子之性情其所視聽爲子之聰明其所寒暖爲子之氣候其所飮食爲子之肌膚爲母者曷不謹哉候去聲

腹猶言懷也候節候也以言氣之往來也○總結上文十三節

右第四章胎敎之法

不知胎敎不足以爲人母必也正心乎正心有術謹其見聞謹其坐立謹其寢食無襍焉則可矣無襍之功裕能正心猶在謹之而已

術路也襍謂不一也裕優也益言無襍則優足以

正心其功之大如此猶不過謹之一字也○此節言胎教之要

寧憚十月之勞以不肖其子而自爲小人之母乎曷不強十月之功以賢其子而自爲君子之母乎此二者胎教之所由立也古之聖人亦豈大異於人者去取於斯二者而已矣大學曰心誠求之雖不中不遠矣未有學養子而后嫁者也勞平聲強去聲養並上聲中去聲后後通

寧猶豈也憚患之也強勉強也功猶言工夫也去取猶言取舍也大學舊禮記篇名今爲別書誠實也言若以實心求之庶幾得其道也○此節難之

難去聲

而使自求

爲母而不養胎者未聞胎教也聞而不行者畫也天下之物成於強隳於畫豈有強而不成之物也豈有畫而不隳之物也強之斯成矣下愚無難事矣畫之斯隳矣上智無易事矣爲母者可不務胎教乎詩曰借曰未知亦旣抱子 強上聲隳屎戲反易以豉反知去聲

畫猶論語今女畫之畫自限不進也物亦事也隳毁也務用力也詩大雅抑之篇借假也亦假使曰汝未有知識汝旣長大而抱子宜有知矣○此節承上言求則得之

右第五章以下襍論胎教○此章反覆勸人使

行胎教

養胎不謹豈惟子之不才哉其形也不全疾也孔多又從而隨胎難産雖生而短折誠由於胎之失養其敢曰我不知也書曰天作孼猶可違自作孼不可逭

從去聲失養之養亦去聲逭音換

形不全謂殘缺不成形也疾病孔甚也短折横夭也誠信也我不知猶言非我之罪也書商書太甲之篇孼災違避逭逃也言天降災禍猶可修德而避之身旣失德而致之則又安所逃乎

發願祈於佛以求成某願也功果猶功効也並見佛書

右第六章○此章極言不行胎教之害

令之妊子之家致瞽人巫女符呪祈禳又作佛事舍施僧尼殊不知邪僻之念作而逆氣應之逆氣成象而罔攸吉也呪支舊反舍捨通施應亦去聲象像通

致致之也瞽則書符誦呪巫則祈福禳災佛事發願功果之類舍施者舍己財而施之佛也男曰僧女曰尼三者之術皆不見其實効而猶且惑之所謂邪僻之念也作起也逆氣者理之所斜而氣不由其順也罔無之甚也攸所也○此節戒惑邪術

性妒之人忌衆妾有子或一室兩妊婦姒娣之間亦

未相容持心如此豈有生子而才且壽者吾心之天也心善而天命善天命善而及于子孫詩曰豈弟君子求福不回（間音艱豈弟音愷悌）

性指氣質之性爾雅長婦謂稚婦爲娣婦娣婦謂長婦爲姒婦持心猶言處心也吾指姒婦而言也吾心之天猶言吾之心天也吾之心本受於天命而天命旣善故心善則理順理順則和氣應之而生子才且壽也詩大雅旱麓之篇豈弟樂易也回邪也言君子之所以求福乃無邪回也一有邪回之心則福不可求矣○此節戒存邪心

元時儒醫朱震亨號丹溪著格致餘論等

右第七章○此章戒人之以媚神拘忌爲有益於胎

醫人有言曰母得寒兒俱寒母得熱兒俱熱知此理也子之在母猶瓜之在蔓潤燥生熟乃其根之灌若不灌也吾未見母身不攝而胎能養胎不得養而子能才且壽者也(養去聲)

醫人朱丹溪也母得寒以下十二字出格致餘論寒熱俱指病證而言也蔓謂瓜之蔓也潤燥生熟指瓜而言也灌以水注地也若猶言與也養謂養之之道○此節言養胎之所當然

諸書日丹溪心法

孿子面貌必同良由胎之養同也一邦之人習尚相近養胎之食物爲教也一代之人品格相近養胎之見聞爲教也此三者胎教之所由見也君子旣見胎教之如是其皦而猶不行焉吾未之知也 孿騷汗反養同之養去聲尚亦去聲由見之見音現皦皦通音皎

孿雙生也戰國策曰孿子之相似唯其母知之良信也邦邑也習尚謂習俗之所尚如晉魏儉嗇燕趙悲慨是也食物姙婦所食之物爲教言自然之効有如胎教也一代一時也稟格謂所稟之氣格如西漢重厚東晉清虛是也見聞姙婦之所見所

聞也所由見言始徵於此三者也皦明白貌曰未
之知者恠之也○此節言養胎之所已然又歎其
不行
右第八章○此章襍引以證胎教之理申明第
二章之意
胎之不教其惟周之末廢也昔者胎教之道書之玉
版藏之金櫃置之宗廟以爲後世戒故太任娠文王
目不視邪色耳不聽淫聲口不出敖言生文王而明
聖太任教之以一而識百卒爲周宗邑姜姙成王於
身立而不跛坐而不蹉獨處而不踞雖怒而不詈胎

夫如字 姆蒙恕反 女師也 孟子母見列女傳

保傅大戴禮篇名 孫古遜字 祭法禮記篇

教之謂也

按內則妻將生子及月辰居側室夫使人日再問之作而自問之妻不敢見使姆衣服而待是知春秋之時猶有胎教餘意也又按孟子母曰吾問古有胎教今適有之而欺之不信也是知戰國之世已無胎教也道法也所謂玉版金櫃之書今略見大戴禮保傅篇中太任娠文王以下三十九字列女傳文太任文王母任姓摯國女也敎言不孫之言也教一識百生知之至也卒終也祭法有祖有宗而周人以九月宗祀文王於明堂故曰周宗邑

姜成王毋姜姓太公女也姙成王以下二十八字
亦大戴禮文跛蹇蹉跌皆喻其傾偏不正之貌
右第九章○此章引古人已行之事以實一篇
之旨
胎教曰素成爲子孫婚妻嫁女必擇孝悌世世有行
義者君子之教莫先於綦成而其責乃在於婦人故
賢者擇之不肖者教之所以爲子孫慮也苟不達聖
人道者其孰能與之爲去聲與音預
胎教賈氏新書篇名綦成以下十九字是其文而
亦本大戴禮綦成綦有所成指胎教也世世指彼

著 任平聲 句下聲 句去聲

家先世也責職任也賢不肖皆指婦人而言也擇

娶賢婦人所以任胎教而若不得賢者則又當教

之使行胎教故此書之不得不作蓋以是也

右第十章推言胎教之本○此章乃責丈夫使

婦人因而極贊之

胎教新記章句大全

胎教新記附錄

師朱堂李氏夫人墓誌銘 幷序

師朱堂李氏全州人故木川縣監柳公諱漢奎之配春秋八十三 廿載太歲辛巳九月己巳二十二日終漢南之西陂寓廬遺令以先妣手簡一軸木川公性理答問一軸自寫擊蒙要訣一通藏諸緣中粤三月丁卯葬龍仁之觀青洞鐳峯下遷木川公柩合窆子儆後改名僖旣願追撰遺徽以來請銘曰夫人之姓系出 太支敬寧君裶十一代孫考昌植祖咸溥皆未顯妣晉州姜氏佐郎德彦女 英廟己未十二月五日酉時生夫人于

清州西面池洞村第夫人幼循整女紅既而希心古烈乃取小學家禮及女四書借續燈誦習逾年成一家語柳公序所云不減內訓女範者也繼治毛詩尚書論語孟子中庸大學等書綜理微密辨解透晤李宗丈夫莫之先也在室爲父不肉不緜服佩古制動遵禮訓流馥下邑聲稱彌遠湖右先輩莫不歎賞時柳公喪其偶無意復娶聞夫人自笄年通經史行能殊異喜曰是必能善事吾母委禽焉夫人入門尊姑年老眼昏多激惱承歡左右有順無違舅黨諸人曰新婦不知勞不知怒然禁性嚴恪根

禮博識人不可媟故諸娣閥閱世族小姑家貴富
且皆年長以倍特相敬重如見大賓柳公以伉儷
之重兼道義之交談討奧秘吟咏性情胥爲知己
平生言議體憲考亭以爲氣質不離本然之性人
心不在道心之外援據的確恨古之胎教不行於
今本經傳參攷黃旁搜奇逸著書三編是爲胎教
新記樹聖善之實坊啓未來之華胄善世開物之
心達乎卷面窮居陋巷朝夕之不暇謀而惡欲不
行於己固辭割俸之餽痛絶懷橘之養鮮潔自修
孚於遠邇來往商婆不貳其價曰嫣內豈欺我哉

別野贏資歲計而餘贖還山下祭田封修遠墓崩頹預具後日祀用凡百幹舉多力所不逮嘗爲親家經紀立後比晚年嗣又絶族人遽瘵三世廟主夫人痛絶于心曰餘生未亡忍見親廟之毁是亦褻之類也爲之服素週大朞以后仍抱貞疾而坐卧寄怡不出墳典李都正昌顯姜洗馬必孝嘗紹人轉達質厥文疑李上舍勉訥李山林亮淵升堂而拜自幸親炙其爲有識所重如此始夫人晝哭韋率弱子女寄寓龍仁生人所求輒無有然諸子女不以饑困廢業終能嫁娶成立於義訓之中徵

旣聰明博考多羽翼經史之功女長適秉節郎李

守默次進士李在寧次朴胤燮並著婦德東海毋

儀知有自焉木川公系歷前夫人所生在右壙之

誌銘曰

懿夫人古女士括儒圃愜道揆垂物軌激芬蘤歛

華采超氛滓延津合光炁紫鐺之麓北靈址併高

鹿石以記承政院右承旨石泉處士申綽撰

跋

母氏在室習經讀我外王考曰觀古名儒母無無文者吾且聽汝及歸我家裒取前哲起居飮食諸節暨鑒書孕婦禁忌末附經傳可教儒子句語解以諺文成一冊子爲勿忘之工我先君子手題卷目曰教子輯要既育不肖等四男女冊子遂如得魚之筌二十有餘歲復出四姊箱中母氏歎曰此書要以自省初非以貽後既偶存到爾手定不毀棄夫養蒙聖功自三日咳名以下備見傳記無庸吾叟添獨腹中一教古有其事今無其文已累千

年巾幗家曷從自覺而行之宜生才不逮古昔無徒氣化尤也吾自恨女子無以致讀書益雯恐負先人意嘗試之胎教凡四度果爾曹形氣無大盭此書傳于家豈不亦有助於是削去末附只取養胎節目反覆發明務牖世迷命之曰新記以補少儀內則舊闕也篇完後一年不肖節章句釋音義適于毋氏劬勞日斷筆亦異哉謹語一語尾之曰嗚呼觀此書然後知儆爲自賊者爾人但有善性猶君子責使其充況氣質未始不粹乎此書卽儆厥初受也爲教十月如是其摯儆在孩提不無少

異及孤以還狼狽焉顚覆焉一至今日焉今日鹵
莽豈由我父母迺由 儆 自賊者晦盡我父母勤勞
使世人譏生子不肖何我父母誣也此此書不可
不傳庶觀者憫我父母菑無穫也 純廟元年辛
酉三月二十七日癸卯不肖 儆 謹識

大대凡범사람가라침이術술이만흐니童동蒙
몽으로븟허長장成셩함에이라기에안흐로賢
현父부兄형의敎교導도와밧그로嚴엄師사友
우의有유益익함이無무非비變변化화氣긔質
질ᄒᆞ야君군子자의地디位위에이라게함이로

대至지於어胎대敎교之지方방은周쥬之지大
대任임이겨오하나이시라大대抵뎌受슈胎대
后후로븟허子자息식의知지覺각運운動동과
呼호吸흡喘텬息식과飢긔飽포寒한暖난等등
事사ㅣ라도다어미랄따라性셩稟품을이루나
니그런즉胎대中즁에가라티난배엇디可가히
一일篇편書셔ㅣ업아리오是싀故고로우리慈
자闈위ㅣ博박通통經경史사하시고採채摭쳑
羣군書셔하샤至지於어醫의鑑감俗쇽說셜이
라도바리디아니시니이글이한번나메天텬下

하예懷회姙임한女녀子자ㅣ子자息식을生생育육하야疲피癃륭殘잔疾질을免면하고聰총明명睿예知지가더하리니어미노릇한줄을비로소알띠라其기功공이豈긔小쇼哉재아니난慈자闈위ㅣ우리四사男남女녀의試시驗험하사耳이目목口구鼻비의未미成셩함이업사니이가그効효驗험이라내말이엇디私사私사사하리오高고明명하신識식見견이실로사람의아지못하난일알알게하심이니보난者쟈ㅣ맛당히鑑감法법할띤저歲셰庚경午오秋츄七칠月

월旣긔望망에不불肖쵸長장女녀난謹근跋발하노라

此차卷권인즉우리慈자闈위의지으신베라噫희라우리慈자闈위ㅣ自자幼유로織직紝임紡방績적之지暇가에博박通통經경史사하더시니다시大대道도에뜻을두샤理리氣긔性셩情졍의學학을넓이시고房방外외書셔랄求구티아니시며吟음咏영을더욱조화아니시니크게時시俗속에다름이계신디라至지於어著저述술은不불過과古고人인의糟조粕박이라하샤

또한留유意의딕아니시대特득別별이이랄셔
두오심은다만몸소試시驗험하신바로女녀婦
부랄보이랴신일이시나이졔보건대나갓한不
불肖쵸ㅣ잇으니셰상에뉘ㅣ胎대敎교로쎠밋
부다하리오비록그르나또한그럿티아님이잇
으니不불肖쵸等등몃男남妹매가임의無무事
샤長쟝成셩하야早조夭요惡악疾질者쟈ㅣ업
고至지於어舍샤弟뎨儆경은乳유哺포로붓허
出츌彙휘한才제性셩이잇고不불肖쵸三삼兄
형弟뎨도역시舅구家가에得득罪죄랄免면하

니엇지우리慈자闈위ㅣ胎대에삼가신恩은德
덕이아닌줄알니오可히恨한하옴은不블肖초
等등도受슈稟품인즉거의下하等등은免면할
너니자라옴으로本본質질을剛강勵려티못하
야맛참내破파器긔랄免면티못히니悲비夫부
悲비夫부ㅣ로다歲셰庚경午오季계秋츄初초
吉길에不블肖초小쇼女녀난謹근跋발하노라

○奎嘗慕方便子先生柳公經術文章之盛而意其
謂胚胎鍾毓之有不凡也曰柳君近永賷其高王
妣李淑人所著胎教新記徠示予屬以卷尾之語

李氏乃方便子之大夫人也予盥讀訖斂衽敬歎曰有是哉宜是母而有是子也竊觀其書首言性命賦受之原氣質善惡之由次言夫婦居室之道姙娠日用之節引經訓以實之參驗方以證之或引物而取譬或憫俗而存戒理義昭晳文章典雅使天下之爲父母者曉然知胎教之不可不謹而方便翁又註以釋之諺以解之雖愚夫愚婦未或難悟儘所謂憂之也深故其言之也切慮之也遠故其說之也詳者也昔朱夫子之編小學也以太任胎教爲首而列女傳姙子之方次之聖賢教人

端本清源之意盖如是也是書本於小學首篇之旨而言之詳且切有加焉垂世立教孰有先於此者乎向使早進王國印于書館頒示爲天下教則豈不生育得多少俊英而寥寥數百載藏弆于一家私篋則雖欲無才難之歎得乎近永甫惧家獻之湮沒慨世教之陵夷將刋印是書公于一世可謂篤於孝慕而爲志亦不苟矣世之讀者苟能玩味而體行之則東邦人才之盛其庶幾乎丙子重陽節永嘉權相圭謹書

此胎教新記李氏夫人師朱堂所著書也人之生

均受天之所賦予而其容貌之姸媸才藝之智愚
有萬不齊者抑又何哉小學列女傳曰婦人姙子
寢處坐立飮食之節必以其道則生子形容端正
才過人矣古人已實驗行之豈可以微獨而忽之
也師朱堂夫人生乎仙李之華閥博通經史百家
歸乎晉柳之名門恭執内則諸訓已是閨壼中女
士旁究子育之道以謂教之於胚胎之中毋之職
也教之於長成之時父師之責也於是乎以是毋
生是子卽上舍南岳柳公諱儆也始也姿相出類
終焉文行絕世豈非胎教之有以致此耶南岳公

一自孤露搜出古箱中深藏之此記感手澤之尚存懼懿戒之或泯旣註釋於章句且謄諺於編尾俾便男女各自省觀其綱領条目也大而天地陰陽之交泰風雨雷霆之相剝細而吉凶之不相襍邪正之不相容粲然具備較諸向所云列女傳尤極詳密此婦人之寶鑑也我族弟鍾洙甫向余道此記之珍貴而師朱堂玄孫近永自東華來寓襄陽追從甚好云以其又恬澹文雅之爲適家人也近永甫已鈔弆南岳遺稿幾十卷力絀而留誒鋟繡擬先此一弓刊布於遠邇要我記實于卷端使

世之人一經眼則輻湊購覽仔見西京紙貴之美譚何待讚揚特賀近永甫追孝之誠世濟不匱云爾丁丑仲春眞城李忠鎬謹跋

夫婦一家之天地也造端贊育盖有道焉古者有胎教之法以是也後世知道者鮮旣或不謹於居室且其娠育也一聽於氣化之自爾而不小致力於己所當爲人品之生顧安得不衰替矣乎惟師朱堂李淑人生壚源禮法之門早承家學濬有所造適柳氏而配賢君子得行其所學克盡婦道及其姙四子女輒皆教於未生一如列女傳所云而

胤子西陂先生以鴻才明智卒能邃於文學爲世名儒此其爲胎教之驗也淑人嘗因其平日踐歷者著爲一書名曰胎教新記見其引喩該博節目詳備實有前人所未發苟非仁淑明睿徹人理而贊天化者其能得與於此哉蓋古女士之能文章者或無德可稱而有德者又無文可傳若淑人者卓乎其無與儔者歟西陂翁嘗解釋是書使人曉然易知其述先徽爲後慮者至矣至久在巾笥識者恨之玄孫近永甫慨然發慮圖所以鋟梓而壽傳請余一言識其尾旣懇辭不獲則乃歛袵而言

曰不亦善乎祖先之文孰非可重而是書之有關於世教尤非尋常咳唾之比也世之巾幗家能以淑人爲法則足以致一家之位育而不患夫生才之不逮古昔也是編之行豈非吾東方之一大偉歟於乎休哉丁丑春分節永嘉權斗植謹識

此胎教新記吾高王妣淑人完山李氏師朱堂之所著書也其琢重奇異而可嘉惠寶鑑類於此書者幾希於古今諸書也自古立言垂軌以男子言之非人人所能也而况於婦人乎聖王之經義傳旨蓋其生后成人之戎也而此書宗旨乃在於生

民厥初之受也彼璇璣織錦之詞王樓少年之篇才則才矣過於哀傷欠於貞静之德矣而此篇則詞章之反覆排列簡重正肅可以補戴記之久闕也自任姒之後履此胎教之法者千古無幾而蓋是淑人踐履之實記也嗚呼淑人一生所著不爲不多而於易簀之日命之曰女書不緊於世也皆可煨之獨此一書則當傳之于家使兒女輩鑑考焉所以此書之猶存於今日者也噫淑人之謦咳永秘一書僅存而凡我孱孫輩零替無狀使此書終未免世遠湮沒之歎故不肖昕夕痛恨幾殫緜

力而付之剞劂附以墓誌一篇用作家傳之懿訓
云爾歲丙子至月念五日不肖玄孫近永泣血謹
識

胎敎新記跋

胎대教교新신記긔諺언解해 胎대教교난배안에셔가라침이라

女녀範범 明명節절婦부劉류氏시의지은글에갈아대녯어진
녀편내아기잇음에胎대教교할줄을반다시
삼갓다하니이제모든글에상고하매그法법
을傳젼한대업스나제뜻으로求구하여도대
컨或혹可가히알따라내일즉두셔너娠신育
육 아기배여낫한말에시험한바로긔록하여한編편
을만다러偹모단딸을뵈나니敢감히쳔자로
이스사로著져述슐 글짓단말이라하여사람의눈에
자랑홈이아니나그러나오히려可가히內내

胎教新記諺解 一

則측禮례記긔(녯글일홈)의빠지옴을갓촐디라그럼으
로일홈하여갈아대胎대教교新신記긔라하
노라

人인生생之지性셩은本본於어天텬하고氣긔質질
은成셩於어父부母모하나니氣긔質질이偏편勝승
이면馴순至지于우蔽폐性셩이라父부母모ㅣ生싱育
육에其기不불謹근諸져아

人인生생의셩품은하날에근본하고氣긔質질
(기품생김이라)은父부母모에게이랏나니氣긔質질이
편벽되이이긔면졈졈셩품을가리아매니란난

디라父부母모ㅣ나흐며기람에그삼가지아니

랴

父부ㅣ生생之지와母모ㅣ育육之지와師사ㅣ教교之지ㅣ一일也야라ㅣ善션醫의者쟈난治치於어未미病병하고善션斆교者쟈난斆교於어未미生생하나니 故고로師사教교十십年년이未미若약母모十십月월之지育육이오母모育육十십月월이未미若약父부一일日일之지生생이니라

아비ㅣ나흠과어미ㅣ기람과스승이가라팀이한가지라의슐을잘하난者쟈난病병드디아냐

다사리고가라티기잘하난者쟈난나지아냐가라티난故고로스승의열해가라탐이어믜열달기람(배여열열막라)만갓디못하고어믜열달기람이아븨하라나흠(배던때랄니람이라)만갓디못하니라

夫부告고諸져父부母모(하고)聽텽諸져媒매氏시(하고)命명諸져使사者쟈(하야)六륙禮례備비而이後후에爲위夫부婦부(ㅣ어든)日일以이恭공敬경相샹接졉(하고)無무或혹以이褻셜狎압相샹加가(하야)屋옥宇우之지下하(와)牀상席셕之지上상(에)猶유有유未미出츌口구之지言언焉언(하며)非비內내寢침(이어든)不

불敢감入입處쳐하고身신有유疾질病병이어든不불
敢감入입寢침하고陰음陽양이不불調됴코天텬氣
긔失실常상이어든不불敢감宴연息식하야使사虛허
慾욕으로不불萌맹于우心심하며邪샤氣긔로不불設
셜于우體톄하야以이生생其기子자者쟈난父부之
지道도也야ㅣ니詩시의曰왈相상在재爾이室실혼대도
尙상不불愧괴于우屋옥漏누ㅣ니無무曰왈不불顯
현하라莫막予여云운覯구ㅣ라하니神신之지格격思사
ㅣ不불可가度탁思사ㅣ라하니라
무릇父부母모에게告고하고중매에게맛디고

胎敎新記諺解 三

使사者쟈(혼례의말통하난사람)에게命명하야여샷禮례

(납채와문명과납길과납징과청긔와친영이라)가잔後후에夫부婦부

ㅣ되거든날노恭공敬경으로써서로대접하고

或혹샹뙤며녁살함으로쎠셔로더으디못하야

집웅아래와평상돗우헤셔(둘이만잇을적이란말)오히려

입에내디못할말이잇으며안방이아니어든드

러잇디아니하고몸에病병이잇거든드러자디

아니하고몸에삼과뵈(거상과즁복이란말)잇거든드러자

디아니하고陰음陽양이고로디아니코하날긔

운이예사롭디아니커든편히쉬디아니하야하

여금혯욕심이마암에나디아니하고샤긔엣긔
윤이몸에붓디아니케하야셔그자식을낫난者
자난아비의도리니詩시녯노래랄공자게셔빠시니라에갈아
대네방의잇음을보아도오히려집구셕이붓그
럽디아닐띠니갈이대나타나디아냐날보나니
업다말나귀신의옴을가히혜아리디못한다가만
한즁도귀신이삶인단말이라하니라
受슈夫부之지姓셩하야以이還환之지夫부호대十십
月월을不불敢감有유其기身신하야非비禮례勿물
視시하며非비禮례勿물聽텽하며非비禮례勿물言언

하며 非비禮례勿믈動동하며 非비禮례勿믈思사하야 使
사心심知지百백體톄로 皆개由유順슌正졍하야 以
이育육其기子자者쟈난 母모之지道도也야ㅣ니 女
녀傳젼에 曰왈婦부人인이 姙임子자에 寢침不블
側측하며 坐좌不블偏편하며 立입不블蹕피하며 不블食
식邪샤味미하며 割할不블正졍不블食식하며 席셕不
블正졍不블坐좌하며 目목不블視시邪샤色색하며 耳
이不블聽텽淫음聲셩하며 夜야則즉令령瞽고로 誦
송詩시道도正졍事사하니 如여此차則즉生생子자
에 形형容용이 端단正졍하고 才재ㅣ過과人인矣의

리히니라

디아븨姓셩(자식을니람이라)을바다써디아뵈게도라

보낼새열달을敢감히그몸을임의로못하여禮

례아니어든보디말며禮례아니어든듯디말며

禮례아니어든니라디말며禮례아니어든움작

이지말며禮례아니어든생각디말아하여곰마

암과지각과백가지몸으로다順슌하고바라게

하야써그자식을기라난者쟈난어미의도리니

女녀傳젼(漢한劉류向향의지은列렬女녀傳젼이라)에갈아대婦부

人인이자식배매잠자기를기우로아니하며안

五

끼랄한편으로아니하며서기랄츼드대디아니
하며샤괴로온맛알먹디아니며버힌것이바라
디아니커든먹디아니며돗치바라디아니커든
안띠아니며눈에샤괴로온빗흘보디아니며귀
에음난한소래랄듯디아니며밤이면쇼경으로
하여곰詩시 공자빼신녯노래라 를외오며바란일을니라
니어럿탓하면자식을나흐매얼골이端단正졍
하고재죄남에게디나다하니라
子자長쟝羈긔丱관에 擇택就츄賢현師사ㅣ어든 師
사敎교以이身신하고 不불敎교以이口구하야 使사之

지觀관感감而이化화者쟈난師사之지道도也야니學학記긔에曰왈善션敎교者쟈난使사人인繼계其기志지라하니라

자식이자라가래샹토하매어진스승을갈히여나아가거든스승이몸으로써가라타고입으로써가라티디아니하야하여곰보아감동하야化화케하난者쟈난스승의도리니學학記긔禮례記긔의글일홈이라에갈아대잘가라티난者쟈난사람으로하여곰그뜻을닛게한다하니라

是시故고로氣긔血혈이凝응滯톄하야知지覺각이

不불粹슈난父부之지過과也야외形형質질이寢
침陋누하야才재能능니ㅣ不불給급은母모之지過과
也야니ㅣ夫부然연後후에責책之지師사하니나師사
之지不불教교ㅣ非비師사之지過과也야라ㅣ니
이런故고로괴운과피가매치여知지覺각이밝
디못함은아뵈허물이오형상생김이더러워재
죄넉넉디못함은어믜허물이니그런後후에스
승에게책망하나니스승의가라티디못함이스
승의허물이아니니라
右우난第뎨一일章쟝

夫부木목胎대乎호秋츄ㅣ라雖슈蕃번廡무ㅣ니猶유
有유挺뎡直직之지性셩이오金금胎대乎호春츈이라
雖슈勍경利리나猶유有유流류合합之지性셩이니
胎대也야者쟈난性셩之지本본也야ㅣ라一일成셩
其기形형而이教교之지者쟈난末말也야ㅣ니라
무릇남기가을에胎대하난디라비로소생기비단갈이라
록덧거츠러도오히려곳게빼곳난셩품이잇고
쇠가봄에胎대하난디라비록굿셰고날카나오
히려흘너엉긔난셩품이잇으니胎대난셩품의
근본이라그형상을한번닐운대가라티난者쟈

난말째니라

胎대於어南남方방에其기口구ㅣ闊괭하나니南남方방之지人인은寬관而이好호仁인이오胎대於어北북方방에其기鼻비ㅣ魁괴하나니北북方방之지人인은倔굴強강而이好호義의라氣긔質질之지德덕也야ㅣ니感감而이得득乎호十십月월之지養양이라故고로君군子자ㅣ必필愼신之지爲위胎대니라

南남方방에셔배면그입이너르나니南남方방사람은너그러워어딜믈죠하하고北북方방에

셔배면그코이놉흐나니北북方방사람은굿셰

여의긔랄죠하하난지라氣긔質질의德덕이니

열달기라난대감동하야어든故고로君군子자

ㅣ반다시삼감을胎대에하나니라

右우난第뎨二이章쟝

古고者쟈聖셩王왕이有유胎대敎교之지法법하사

懷회之지三삼月월에出츌居거別별宮궁하야目목

不불衺샤視시하며耳이不불妄망聽텽하며音음聲셩

滋자味미알以이禮례節졀之지하더소니非비愛애也

야라ㅣ欲욕其기敎교之지豫예也야라ㅣ生생子자而

이不불肖초其기祖조랄比비之지不불孝효라ㅣ故
고로君군子자ㅣ欲욕其기教교之지豫예也야니
詩시曰왈孝효子자不불匱궤하야永영錫셕爾이類
류ㅣ라하니라

녯聖셩王왕이胎태教교의法법이잇으샤배연
디셰달에別별宮궁에(딴집이란말)나가잇어눈에빗
기보디말며귀에망녕되이듯지말며풍류소래
와맛난맛알禮례로써존절하옴이사랑홈이(밴아
기를사랑한단말이다)아니라가라티기를미리코자함이
라자식나하그한아비랄닮디못하면不불孝효

와갓다하난故고君군子자ㅣ가라담을미리

코져하나니詩시에갈아대孝효子자ㅣ모자라

디아냐가리네類류ㅣ랄주신다孝효子자의아달이또孝효子자ㅣ

난단말이라하니라

今금之지姙임者쟈난必필食식恠괴味미하야以이

悅열口구하고必필處쳐涼량室실하야以이泰태體톄

하며閒한居거無무樂락이어든使사人인諧해語어而

이笑쇼之지하며始시則즉誑광家가人인하고終죵則

즉久구臥와恒항眠면하나니誑광家가人인일새不불

得득盡진其기養양이오久구臥와恒항眠면일새榮영

衛위停뎡息식하니 其기攝셥之지也야ㅣ悖패코 待대之지也야ㅣ慢만이라 惟유然연故고로 滋자其기病병而이難난其기産산하며 不불肖초其기子자而이墜추其기家가한 然연後후에 歸귀怨원於어命명也야하나니라

이제의아기배나니난반다시괴이한맛알억어셔입을깃그고반다시서늘한데잇서셔몸을편케하며한가히잇어심심하면사람으로하여곰니여기하야우스며비로슴엔집안을속이고아기뱀을긔임이라 마참엔오래눕고샹해잠자니짐안을속

이매그기라난도리랄다못하고오래눕고샹해
잠자매榮영衛위(사람의몸에도난혈긔라)머추나니그죠셥
하기랄그릇하고남이대졉하기랄게열이하난
디라오직그런故고로그病병을더으고그해산
을어렵게하며그자식을갓디아냐디게하고그
家가門문을떠러틴그린後후에딸자의원망을
奚호하나니라

夫부獸슈之지孕잉也야에必필遠원其기牡모고하
鳥됴之지伏부也야에必필節졀其기食식고하果과
蠃라ㅣ化화子자에尚상有유類류我아之지聲셩

하나니 是시故고로禽금獸수之지生생이皆개能능肖초母모호대人인之지不불肖초ㅣ或혹不불如여禽금獸슈ᄂᆞᆫ然연後후에聖셩人인이有유怛달然연之지心심하샤作작爲위胎태教교之지法법也야ㅣ시니라

무릇즘생이삿기배매반다시그숫컷을멀이하고새ㅣ알을안으매반다시그먹기랄존절하고나나리삿기랄맨들매오히려날닮으란소래잇나니이런故고로새즘생의생김이다능히어미랄닮으되사람의갓디아니니난或혹새즘생만

도못한그린後후에聖셩人인이불샹히녀기신

마암이잇으야胎태教교의法법을맨드시니라

右우난第뎨三삼章쟝

養양胎태者쟈ㅣ非비惟유自자身신而이已이也

야라ㅣ一일家가之지人인이恒항洞동洞동焉언하야

不불敢감以이忿분事사聞문하나니恐공其기怒노

也야외不불敢감以이凶흉事사聞문하나니恐공其

기懼구也야외不불敢감以이難난事사聞문하나니

恐공其기憂우也야외不불敢감以이急급事사聞

문하나니恐공其기驚경也야라ㅣ怒노ㅣ令령子자病

병血혈하고懼구ㅣ令령子자病병神신하고憂우ㅣ令
령子자病병氣긔하고驚경ㅣ令령子자癲뎐癎간하나
니라

胎태랄기라난者쟈ㅣ몸스사로할뿐이아니라
왼집안사람이샹해洞동洞동조심하난거동하야敢감
히忿분한일로써들이지못하나니그셩내일가
저흠이오敢감히凶흉한일노써들이디못하나
니그두릴가저흠이오敢감히난쳐한일로써들
니디못하나니그근심할가저홈이오敢감히急
급한일로써들이디못하나니그놀낼가저홈이

라셩내이면자식으로하여곰피가病병들고두리면자식으로하여곰졍신이病병들고근심하면자식으로하여곰긔운이병들고놀내면자식으로하여곰간질바람병하나니라

與여友우久구處쳐ㅣ라도猶유學학其기爲위人인거든況황子자之지於어母모에七칠情졍이肖쵸焉언이라故고로待대姙임婦부之지道도난不불可가使사喜희怒노哀애樂락으로或혹過과其기節졀이니是시以이로姙임婦부之지旁방에常샹有유善션人인이輔보其기起긔居거하고怡이其기心심志지

胎敎新記諺解 十三

하며 使사可가師사之지言언과 可가法법之지事사로 不불聞간于우耳이한 然연後후에아 惰타慢만邪샤僻벽之지心심이 無무自자生생焉언하나니라

벗으로더부러오래잇어도오히려그爲위人인마암가딤이라을배호거든하믈며지식이어믜게난七칠情경짓금과셩넘과셜흠과두림과사랑함과뮈움과욕심패일손七칠情경이라을닮난故고로姙임婦부아기밴지어미대졉하난도리난하여곰깃금과셩넘과셜움과즐김이或혹그마디에디나게못할띠니이럼으로姙임婦부의겻헤샹해착한사람이잇어그거둥을돕고그마암

을짓그며하여곰본바들말과法법밧을일로귀

에끗디아닌그린後후에아게으르며샤긔로온

마암이부터날때업나니라姙임婦부대졉함이

라

姙임娠신三삼月월에形형象상이始시化화하야如

여犀셔角각紋문이見견物물而이變변이니必필使

사見견貴귀人인好호人인과白백璧벽孔공雀작

華화美미之지物물과聖셩賢현訓훈戒계之지書

셔와神신仙션冠관珮패之지畵화외不불可가見

견倡창優우侏주儒유猿원猴후之지類류와戲희

謔학爭쟁鬪투之지狀상과 形형罰벌曳예縛박殺살害해之지事사와 殘잔形형惡악疾질之지人인과 虹홍霓예震진電뎐과 日일月월薄박蝕식과 星셩隕운彗혜孛발과 水수漲챵火화焚분과 木목折졀屋옥崩붕과 禽금獸슈淫음泆일病병傷상과 及급汚오穢예可가惡오之지蟲츙이니라 姙임婦부目목見견이라

아기배연디세달에形형象샹이비로소되야犀셔角각들쐬뿔이니 띄하난것잇문의의보난것대로變변함갓하니반다시하여곰貴귀人인벼살놉한사람이며

好호人인 모양염젼한사람 이며흰壁벽 옥일홈이라 이며孔
공雀쟉 이샹이빗고은새 이며빗나고아람다운것과聖
셩賢현의가라티고경계하신글과神신仙션이
며관대하고패옥한그림을볼것이고광대며난
쟝이며원승의類류와희롱하며다토난형상과
刑형罰벌이며두루며동히며죽이며害해롭게
하난일과병신이며못쓸병잇난사람과무디개
와별악과번개와日일月월蝕식과별이떠러디
며彗혜셩孛발셩과 彗혜셩孛발셩은다재앙의별 물이넘티며
불이붓흠과남기부러디며집이문허딤과새즘

十四

생의음난하며病병들고傷샹한것과밋더럽고아쳐로온버례랄보디못할디니라姙임婦부의눈으로봄이라

人인心심之지動동이聞문聲셩而이感감하나니姙임婦부ㅣ不블可가聞문淫음樂악淫음唱챵과市시井졍喧훤譁화와婦부人인誶쉬罵마와及급凡범醉쥐酗후忿분辱욕偯의哭곡之지聲셩이오勿믈使사婢비僕복으로入입傳젼遠원外외無무理리之지語어하고惟유宜의有유人인이誦용詩시說셜書셔ㅣ어나不부則즉彈탄琴금瑟슬이니라姙임婦부耳

이聞문이라

사람의마암움작임이소래를드르면감동하나니姙임婦부ㅣ굿풍류며잡노래와져재숫두어림과녀편내잔걱정과밋대컨슐쥬정이며忿분한辱욕질이며셜운우람소래랄듯디못할것이오죵들로하여곰드러와먼밧긔딱업슬말을젼티못하게하고오직맛당이사람이잇셔귀글을외오고녜책을말하거나아닌則즉거문고나瑟슬(거문고갓고스물다섯줄이라)이나탈띠니라姙임婦부의귀로드름이라

延연醫의服복藥약이足족以이止지病병이로대不불足족以이美미子자貌모외汛신室실靜정處처ㅣ足족以이安안胎태로대不불足족以이良량子자材재니子자由유血혈成셩而이血혈因인心심動동일새其기心심이不불正정이면子자之지成셩이亦역不불正정하나니姙임婦부之지道도난敬경以이存존心심하야毋무或혹有유害해人인殺살物물之지意의하며奸간詐사貪탐竊졀妒투毀훼之지念념을不불使사孽얼芽아於어胸흉中중인然연後후에아口구無무妄망言언이며面면無무歉겸色색이나若

약斯사須슈忘망敬경이면 已이失실之지血혈矣의니라
姙임婦부存존心심이라
의원을마 자藥약먹음이病병을足족히써그치
되자식의모양을足족히써아람답게못하며집
을쓰설고요히잇음이胎태랄足족히써평안
케호대자식의재목을足족히써어달게못하나
니자식이피로말미암아날우고피마암을因인
하야움작일새그마암이바라디못하면자식의
일옴이또한바라디못하나니姙임婦부의도리
난공경으로써마암을안초아或혹사람을해티

며산것을죽일뜻을두띠말며奸간詐사하며貪탐하며도적달하며새옴하며훼방할생각으로하여곰가삼속에싹뵈디못하게한그린後후에아입에망녕된말이업고얼골에줄잇긴빗히업나니만일잠깐공경을이즈면임의피가그랏되나니라姙임婦부와마암안츰이라

姙임婦부言언語어之지道도난忿분無무厲려聲셩하며怒노無무惡악言언하며語어無무搖요手슈하며笑소無무見현矧신하며與여人인不불戲희言언하며不불親친詈이婢비僕복하며不불親친叱즐雞계狗

구하며 勿물誑광人인하며 勿물毁훼人인하며 無무耳이語어하며 言언無무根근이어든 勿물傳뎐하며 非비當당事사ㅣ어든 勿물多다言언이니라 姙임婦부言언語어라

姙임婦부의말하난도리난忿분하여도모딘소래랄말며셩나도못쓸말을말며말할제손짓을말며우슬제니모음을뵈디말며사람으로더부러희롱잇말을아니하며몸소죵을꾸딧디아니하며몸소닭게랄꾸딧디아니하며사람을족이디말며사람을훼방티말며귀엣말을말며말이

뿔희업거든난데가분명티아닌말傳젼티말며일을當당

티아냣거든말을만히말띠니라姙임婦부의말

함이라

居거養양不블謹근이면胎대之지保보ㅣ危위哉재

라姙임婦부ㅣ旣긔姙임에夫부婦부ㅣ不블同동

寢침하며衣의無무太대溫온하며食식無무太대飽포

하며不블多다睡슈臥와하고須슈時시時시行행步보

하며不블坐좌寒한冷랭하며不블坐좌穢예處쳐하며勿

믈聞문惡악臭추하며勿믈登등高고厠치하며夜야不

블出츌門문하며風풍雨우不블出츌하며不블適뎍山

산野야 하며 勿물窺규井정塚총 하며 勿물入입古고祠
사 하며 勿물升승高고臨림深심 하며 勿물涉셥險험 하며
勿물擧거重즁 하며 勿물勞로力력過과傷상 하며 勿물
妄망用용鍼침灸구 하며 勿물妄망服복湯탕藥약 이오
常상宜의淸쳥心심靜졍處쳐 하야 溫온和화ㅣ適뎍
中즁 하며 頭두身신口구目목 이 端단正졍若약一일
이니라 姙임婦부居거養양 이라
거쳐와길니임을삼가디아니면胎태대의보젼키
위대한디라姙임婦부ㅣ임의아기배매夫부婦
부ㅣ한가디로자지아니며옷을너모덥게말며

먹기랄너모부르게말며잠과눕기랄만히아냐
부의때때로거름거르며찬데안띠아니며더러
온대안띠아니며못쓸내를맛디말며놉흔뒷간
에오르디말며밤에문에나디아니며바람비에
나가디아니며뫼와들에가디아니며우믈과고
총을엿보디말며녯사당에들디말며놉흔데오
라고깁흔데臨림하디말며險험한데지나가디
말며무거온것들디말며슈고하며힘써셔過과
히傷샹토록말며鍼침과뜸을망영되이쓰디말
며藥약을망영되이먹띠말것이오샹해맛당히

마암을맑히고고요히잇어다삽고화긔로옴이
알마초하며머리와몸과입과눈이端단正졍함
이한갈갓티할띠니라姙임婦부의거쳐와길니
임이라

姙임婦부ㅣ苟구無무聽텽事사之지人인이든어擇
택爲위其기可가者쟈而이已이오不블親친蠶잠
功공하며不블登등織즉機긔하며縫봉事사랄必필謹
근하야無무使사鍼침傷상手슈하며饌찬事사랄必필
謹근하야無무使사器긔墜츄破파하며水슈醬장寒한
冷랭을不블親친手슈하며勿믈用용利리刀도하며無

胎教新記諺解 十九

무刀도割활生생物물하며割활必필方방正정이니라

姙임婦부事사爲위라

姙임婦부ㅣ구티여일맛기리업것은그할만한거랄갈해여할뿐이오몸소누에치디아니하며뵈틀에오라디아니하며바나딜을반다시삼가하여곰바날이촌을傷상케말며반빗을반다시삼가하여곰그랏이닷텨께여디게말며물과국물찬것을손에다히디아니며드난칼을쓰디말며산것을칼로버히디말며버히기랄반다시모바로할띠니라姙임婦부의일함이라

姙임婦부ㅣ端단坐좌하야無무側측載재하며無무侍

시壁벽하며無무箕기하며無무踞거하며無무邊변堂당

하며坐좌不불取취高고物물하며立립不불取취在재

地디하며取취左좌不불以이右우手슈하며取취右우

不불以이左좌手슈하며不불肩견顧고하며彌미月월

이어든不불洗셰頭두ㅣ니라 姙임婦부坐좌動동이라

姙임婦부ㅣ단졍히안자기우로몸싯디말며바

람벽장게디말며벗더안띠말며거러안띠말며

마루기삶에말며안자놉흔것나리오디말며셔

셔따힛것집디말며왼편의집기랄올흔손으로

써아니며올흔편의집기랄왼손으로써아니며

엇개로도라보디아니며달차아기배여여러달이란말거든

머리감띠말띠니라姙임婦부의안자며굼뎍임

이라

姙임婦부ㅣ或혹立립或혹行행호대無무任임一일

足족하여無무倚의柱쥬하여無무履리危위하여不불由

유仄측逕경하여升승必필立립하여降강必필坐좌하여

勿물急급趨추하여勿물躍약過과ㅣ니라姙임婦부行

행立립이라

姙임婦부ㅣ或혹서며或혹단니되외발에힘쓰

디말며기동을의지하디말며위태한데드대디
말며기우렁길로말매암지아니며오랄제반다
시셔셔하며나릴제반다시안자하며急급히닷
디말며뛰여건너디말띠니라姙임婦부의다니
며셜이라

姙임婦부寢침臥와之지道도난寢침無무伏복하며
臥와毋무尸시하며身신毋무曲곡하며毋무當당隙극
하며毋무露로臥와하며大대寒한大대暑셔에毋무晝
쥬寢침하며毋무飽포食식而이寢침하고彌미月월則
즉積젹衣의支지旁방而이半반衣야左자臥와半

반夜야右우臥와야하 以이爲위度도라ㅣ니 姙임婦부
寢침臥와라ㅣ

姙임婦부의자며눕난도리난잘쩨엽듸이디말
며눕기랄송쟝뎨로말며몸을곱티디말며문듬
을당하디말며한듸눕디말며한치위와한더휘
에낫잠말며배불니먹고자디말고달차거든옷
을싸하염흘괴오고반밤은외오눕고반밤은올
히누어써법을삼을띠니라姙임婦부의자며눕
기라

姙임婦부飮음食식之지道도난 果과實실이 形형

不불正졍不불食식 하여 蟲츙蝕식不불食식 하여 腐부
壞괴不불食식 하여 瓜과蓏라生생菜채 랄 不불食식
하여 飮음食식 에 寒한冷랭不불食식 하여 食사饐에而
이 餲에 와 魚어餒뢰而이肉육敗패 랄 不불食식 하여
色색惡악不불食식 하여 臭츄惡악不불食식 하여 失실
飪임不불食식 하여 不불時시不불食식 하여 肉육雖슈
多다 ㅣ나 不불使사勝승食사氣긔 니라 服복酒쥬 ㅣ면 散
산百백脈맥 이오 驢노馬마肉육無무鱗린魚어 는 難
난産산 하고 麥맥芽아葫호蒜쉰 은 消쇼胎태 하고 莧현
菜채蕎교麥맥薏의苡이 는 墮타胎태 하고 薯셔蕷여

胎敎新記諺解 二十二

旋션蒿복桃도實실은不불宜의子자하고狗구肉육은子자無무聲셩하고兎토肉육은子자缺결脣슌하고螃방蟹해는子자橫횡生생하고羊양肝간은子자多다厄액하고雞계肉육及급卵란이合합糯나米미면子자病병白백蟲츙하고鴨압肉육及급卵란은子자倒도生생하고雀작肉육은子자淫음하고薑강芽아는子자多다指지하고鮎뎜魚어는子자疳감蝕식하고山산羊양肉육은子자多다病병하고菌균蕈심은子자驚경而이夭요라ㅣ니桂계皮피乾건薑강을勿믈以이爲위和화하며獐장肉육馬마刀도랄勿믈以이爲

위臛확하며 牛우膝슬鬼귀箭젼을 勿물以이爲위茹여하고 欲욕子자端단正졍이어든 食식鯉리魚어하며 欲욕子자多다智지有유力력이어든 食식牛우腎신與여麥맥하며 欲욕子자聰총明명이어든 食식黑흑蟲츙하며 當당産산이어든 食식蝦하與여紫자菜채니라 姙임婦부飮음食식이라

姙임婦부의飮음食식하난도리난실과가형샹이바라디아냐도먹디아니며버레먹어도먹디아니며석어떠러뎌도먹디아니며선물과샹츼랄먹디아니며飮음食식이차도먹디아니며밥

이물킈고쉰이와생선이물고뭇고기석으니랄
먹디아니며빗그른것을먹디아니며내암새그
른것을먹디아니며끌힘이그르거든먹디아니
며때아닌것을먹디아니며고기비록만흐나하
여곰밥긔운을이긔디아닐띠니라술을먹으면
일백가지혈맥이풀이이고나귀며말고기와비
늘업슨물고기는해산이어렵고엿기룸과마날
은胎태랄삭히고비름과모밀과율무는胎태랄
떠르트리고마와메와복셩이난자식에맛당티
아니코개고기는자식이소래못하고톳기고기

는자식이에청이고방게는자식이가라나오고
羊양의肝간은자식이우환만코닭고기며밋알
을찰쌀에어우루면자식이촌백츙이들고올히
고기며밋알은자식이것구루나오고참새고기
는자식이음난하고새양엄은자식이륙가락이
오머여기는자식이감창먹고山산羊양의고기
는자식이병만코버섯은자식이경풍하고쉬죽
난이라桂계皮피(약재 일홈)와乾간薑강(새양마 라니)으로
써양염하디말며노로고기와말밋죠개로써지
담하디말며쇠무름(나물 일홈)과회납(나모 순)으로써나

물하디말고자식이端단正졍코뎌커든鯉리魚어물고기일흠랄먹으며자식이슬긔만코힘잇고뎌커든쇠콩팟과보리랄먹으며자식이聰총明명코뎌커든뮈랄먹으며해산을當당하거든샤요와다못마육을먹을띠니라姙임婦부의飮음食식이라

姙임婦부ㅣ當당産산에飮음食식充츙如여也야하며徐셔徐셔行행頻빈頻빈也야하고無무接졉襍잡人인하며子자師사必필擇택이오痛통無무扭뉴身신하며偃언臥와則즉易이産산이니라姙임婦부當당産

산이라
姙임婦부ㅣ해산을當당하매飮음食식을든든
히하며뎐뎐이단니기랄자조하고잡사람을븟
티디말며자식보아주리랄반다시갈해고앏아
도몸을뷔트디말며쟈밧음히누으면해산하기
쉬오니라姙임婦부에해산當당함이라
腹복子자之지母모난血혈脈맥이牽견連연하고呼
호吸흡이隨슈動동하야其기所소喜희怒노ㅣ爲위
子자之지性셩情졍하여其기所소視시聽텽이爲위
子자之지氣긔候후하여其기所소飮음食식이爲위

子자之지肌긔膚부니하나爲위母모者쟈ㅣ曷갈不
불謹근哉재오리
자식밴어미난血혈脈맥이부터니이고숨쉼에
딸아굼뎍여그깃그며셩내는배자식의셩품이
되며그보며듯는배자식의긔운이되며그마시
며먹난배자식의살이되나니어미된이가엇디
삼가디아니리오

右우난第뎨四사章쟝

不불知지胎태教교면ㅣ不불足족以이爲위人인母
모ㅣ니必필也야正졍心심乎호뎌ㄴ正졍心심이有유

術술하니 謹근其기見견聞문하며 謹근其기坐좌立립
하며 謹근其기寢침食식호대 無무褻잡焉언則즉可가
矣의니 無무褻잡之지功공이 裕유能능正정心심
이로대 猶유在재謹근之지而이已이니라
胎대教교랄아디못하면사람의어미足죡히써
되디못하리니반다시마암을바랄띤뎌마암바
람이길이잇으니그보며드람을삼가며그안자
며섭을삼가며그자며먹음을삼가되褻잡됨이
업으면무던할띠니褻잡됨업은功공이넉넉히
能능히마암을바라리로대오히려삼감에잇을

뿐이니라

寧녕憚탄十십月월之지勞로하야以이不불肖초其기子자而이自자爲위小쇼人인之지母모乎호아 曷갈不불強강十십月월之지功공하야以이賢현其기子자而이自자爲위君군子자之지母모乎호아 此차二이者쟈난 胎태教교之지所소由유立립也야ㅣ니 古고之지聖셩人인이 亦역豈긔大대異이於어人인者쟈ㅣ시리오 去거取弃於어斯사二이者쟈而이己이矣의시니 大대學학에 曰왈心심誠셩求구之지면 雖슈不불中즁이나 不불遠원矣의니 未미有유

學학養양子자而이后후에嫁가者쟈也야니라라하

엇띠열달슈고랄꺼려써그자식을갓디아냐디

게하고스사로小쇼人인(좀사람이란말)의어미되랴어

이열달공부랄강잉하야써그자식을어질게하

고스사로君군子자(큰사람이란말)의어미되디아니랴

이두가지난胎태教교에말매암아셔배나녯聖

셩人인이또한엇디사람에하다란者쟈시리오

이두가지에서去거取츄(한가지버리고한가지잡단말)할뿐이

시니大대學학(경셔일홈)에갈아대마암으로진실히

求구하면비록맛디아냐도멀든아니하니자식

기람을배혼后후에셔방맛난者쟈ㅣ잇디아니
타하니라
爲위毋모而이不블養양胎대者쟈난未미聞문胎
대敎교也야ㅣ오聞문而이不블行행者쟈난畫획也
야ㅣ라天텬下하之지物믈이成셩於어强강하며隳弃
於어畫획하니나豈긔有유强강而이不블成셩之지
物믈也야ㅣ며豈긔有유畫획而이不블隳弃之지物
믈也야ㅣ오리强강之지면斯사成셩矣의니下하愚
우ㅣ無무難난事사矣의오畫획之지면斯사隳弃
矣의니上상智지ㅣ無무易이事사矣의라爲위毋

모者쟈ㅣ可가不블務무胎태教교乎호아 詩시曰
왈借쟈曰왈未미知지나 亦역旣긔抱포子자ㅣ라 하다
어미되고胎태대랄기라디아닛나니난胎태教교
랄듯디못함이오듯고行행티아닛나니난말녀
함이라天텬下하읫것이강잉함에이루고말녀
함에그릇되나니엇디강잉코못이루난것이잇
으며엇디말여하고아니그릇되난것이잇으리
오강잉하면이루나니말자미련도어려운일이
업고말녀하면그릇되나니읏듬을괴도쉬운일
이업난디라어미되니가胎태教교랄힘쓰디아

台敎新記諺解 二十八

나라詩시에갈아대아디못한다하려한들임의자식을안앗다하니라

右우난第뎨五오章쟝

養양胎대不불謹근이豈긔惟유子자之지不불才재哉재리오其기形형也야不불全젼하며疾질也야孔공多다하고又우從죵而이墮타胎대難난産산하며雖슈生생而이短단折절하나니誠셩由유於어胎대之지失실養양이라其기敢감曰왈我아不불知지也야ㅣ리오書셔曰왈天텬作작孼얼은猶유可가違위어니와自자作작孼얼은不불可가逭환이라하니라

胎대기람을삼가디아님이잇지자식의재조엽
슬뿐이리오그형상이온젼티못하며병이심히
만코또조차胎대도떠러디며해산도어려우며
비록나하도쉬죽나니진실로胎태기람을그릇
함에말매암은디라그감히갈아대내몰나라하
랴書셔 (녯글을공자게 셔빠시니라) 에갈아대하날이지은재
앙은오히려可가히피하려니와스사로지은재
앙은可가히도망티못한다하니라

右우난第뎨六륙章쟝

今금之지姙임子자之지家가에致치瞽고人인巫

무女녀하야符부呪주祈긔禳양하고又우作작佛불事
사하야舍사施시僧승尼니하나니殊슈不블知지邪샤
僻벽之지念념이作작而이逆역氣긔應응之지하고
逆역氣긔成셩象샹에而이罔망攸유吉길也야니
라

이졔의자식밴집에셔쇼경과무당을불너부작
이며진언이며빌며푸리하고또부텨에게일하
야둥과승년을시쥬하나니샤긔엣생각이나면
거슨긔운이응하고거슨긔운이형상을일움에
吉길한배업난줄을 사람의마암이슌치아니면 일도그대로잘되디아닌난

단말이라 자못아디못하나니라

性셩妒투之지人인은 忌긔衆즁妾쳡有유子자하고

或혹一일室실兩량姙임婦부ㅣ면 姒사娣뎨之지間

간에도 亦역未미相샹容용하나니 持지心심如여此차

ㅣ오 豈긔有유生생子자而이才재且챠壽슈者쟈ㅣ리

오 吾오心심之지天텬也야ㅣ라 心심善션而이天텬

命명善션하고 天텬命명善션而이及급于우孫손子

자ㅣ하나니 詩시曰왈豈개弟뎨君군子자ㅣ여 求구福복

不불回회라하니라

셩품이새음바란사람은여르妾쳡의자식잇음

을꺼리고或혹한방의두姙임婦부ㅣ면姒사娣뎨(녀편내맛동셔랄姒사라하고 아랫동셔랄娣뎨라하나니라)사이에또한서로용납디못하나니마암가딤이이렷코엇디자식나하재조잇고또오래살者쟈ㅣ잇으리오내마암이하날이라마암이착하면하날주심도착하고하날주심이착하면손자자식에게밋나니詩시에갈아대豈개第뎨(슌편한모양)한君군子자ㅣ여福복을求구함에사회랄아닛난다하니라

右우난第뎨七칠章쟝

醫의人인이有유言언曰왈毋모得득寒한兒아俱

구寒한하며母모得득熱열見아俱구熱열이라하니知지
此차理리也야ㄴ댄子자之지在재母모난猶유瓜과
之지在재蔓만이라潤윤燥조生생熟숙이乃내其기
根근之지灌관若약不불灌관也야니吾오未미見
견母모身신不불攝셥而이胎대能능養양하며胎대
不불得득養양而이子자能능才재且차壽수者쟈
也야케라
의원사람이말이잇어갈아대어미찬병을엇으
면아해도차디고어미더훈병을엇으면아해도
더흡다하엿으니이런묘리랄알면자식이어미

에게잇음은외너출에잇음갓한디라부르며말
으며설며익음이이에그뿔희의물젓음과다못
물젓디못함이니어믜몸이됴셥못하고도胎대
能능히길니이며胎대길니임을엇디못하고도
자식이能능히재조잇고또오래산者쟈랄내보
디못하게라

孿산子자面면貌모必필同동은良양由유胎태之
지養양이同동也야외一일邦방之지人인의習습
尙샹相샹近근은養양胎대之지食식物물이爲위
教교也야외一일代대之지人인의禀품格격相샹

近근은養양胎대之지見견聞문이爲위敎교也야
니此차三삼者쟈난胎대敎교之지所소由유見현
也야라니君군子자ㅣ旣긔見견胎대敎교之지如여
是시其기皦교외而이猶유不불行행焉언니하나吾
오末미之지知지也야라ㅣ로

쌍생의얼골이반다시갓함은진실로胎대의길
나임이갓함에말매암음이오한나라사람의버
릇과숭샹함이서로갓가옴은胎대기랄제먹은
것이식이임이오한남군때사람의긔품과골격
이서로갓가옴은胎대기랄제보고드람이식이

胎敎新記諺解 三十二

임이니이세가지난胎대敎교의말매암아뵈인배라君군子자ㅣ임의胎대敎교의이럿틋밝음을보고도오히려行행티아닛나니내아디못하노라

右우난第대八팔章장

胎대之지不불敎교난其기惟유周쥬之지末말에廢폐也야라ㅣ昔셕者쟈에胎대敎교之지道도랄書셔之지玉옥版판하야藏장之지金금櫃궤하야置치之지宗종廟묘하야以이爲위後후世셰戒계라故고로太태任임이娠신文문王왕하샤目목不불視시邪샤

色색하시며 耳이不불聽텽淫음聲셩하시며 口구不불出츌敖오言언이러시니 生생文문王왕而이明명聖셩하시늘 大태任임이 敎교之지하샤대 以이一일而이識식百백이러시니 卒졸爲위周쥬宗종하시고 邑읍姜강이 妊임成셩王왕於어身신하샤 立립而이不불跛파하시며 坐좌而이不불蹉차하시며 獨독處쳐而이不불踞거하시며 雖슈怒노而이不불詈리하더시니 胎태敎교之지謂위也야ㅣ러라

胎대의가라티디아님은 그 오직 周쥬나라 끗헤 바람이라 녯뎍에 胎대敎교의 도리랄 玉옥널쪽

에써서金금櫝궤에녀허宗종廟묘나라사당에두어
써훗사람의경계랄삼은故고로大태任임쥬나라시
조문왕의어마님셩이任임氏시이文문王왕을배샤눈에샤긔
로온빗흘보지아니시며귀에음난한소래랄듯
디아니시며임에오만한말을내디아니터시니
文문王왕을나하매밝고聖셩聖셩은모라난일이엄슴이라하
샤눌大태任임이가라티샤대하나흐로써일백
을아더시니마참내周쥬나라읏듬남군이되시
고邑읍姜강문왕의안해오셩왕의어마님셩이姜강氏시이成셩王왕
을몸에배샤서기랄츼드대디아니시며안끼랄

기우로아니시며혼자잇을제거러안디아니시
며비록셩나도꾸디럼을아니터시니胎태敎교
의일홈이러라

右우난第뎨九구章쟝

胎태敎교에曰왈繄소成셩은爲위子자孫손대호婚
혼妻쳐嫁가女녀에必필擇택孝효悌뎨와世셰世
셰有유行행義의者쟈하니라君군子자之지敎교ㅣ
莫막先션於어繄소成셩이어늘而이其기責책이乃
내在재於어婦부人인이라故고로賢현者쟈랄擇택
之지대호不불肖쵸者쟈랄敎교之지난所소以이爲

위子자孫손慮려也야ㅣ니苟구不불達달聖셩人인道도者쟈ㅣ면其기孰슉能능與여之지리오

胎태敎교漢한賈가誼의지은新신書셔옛글일홈이라에갈아대본대일움이또한대교랄이람이라은子자孫손을爲위하오대안해혼인과딸셔방맛티매반다시효도롭고공순하니와대대로올흔일行행하니잇난者쟈랄갈힌다하니君군子자의가라팀이본대일움에압섭이업거날그책망이이에녀편내게잇난故고로어딘者쟈랄갈해되갓디아닌者쟈랄가라팀은쎠子자孫손을위하여념려하난배니진실로

聖셩人인의도리랄사못디아니한者쟈ㅣ면그
뉘能능히참예하리오

右우난第뎨十십章쟝

胎태教교新신記긔諺언解해

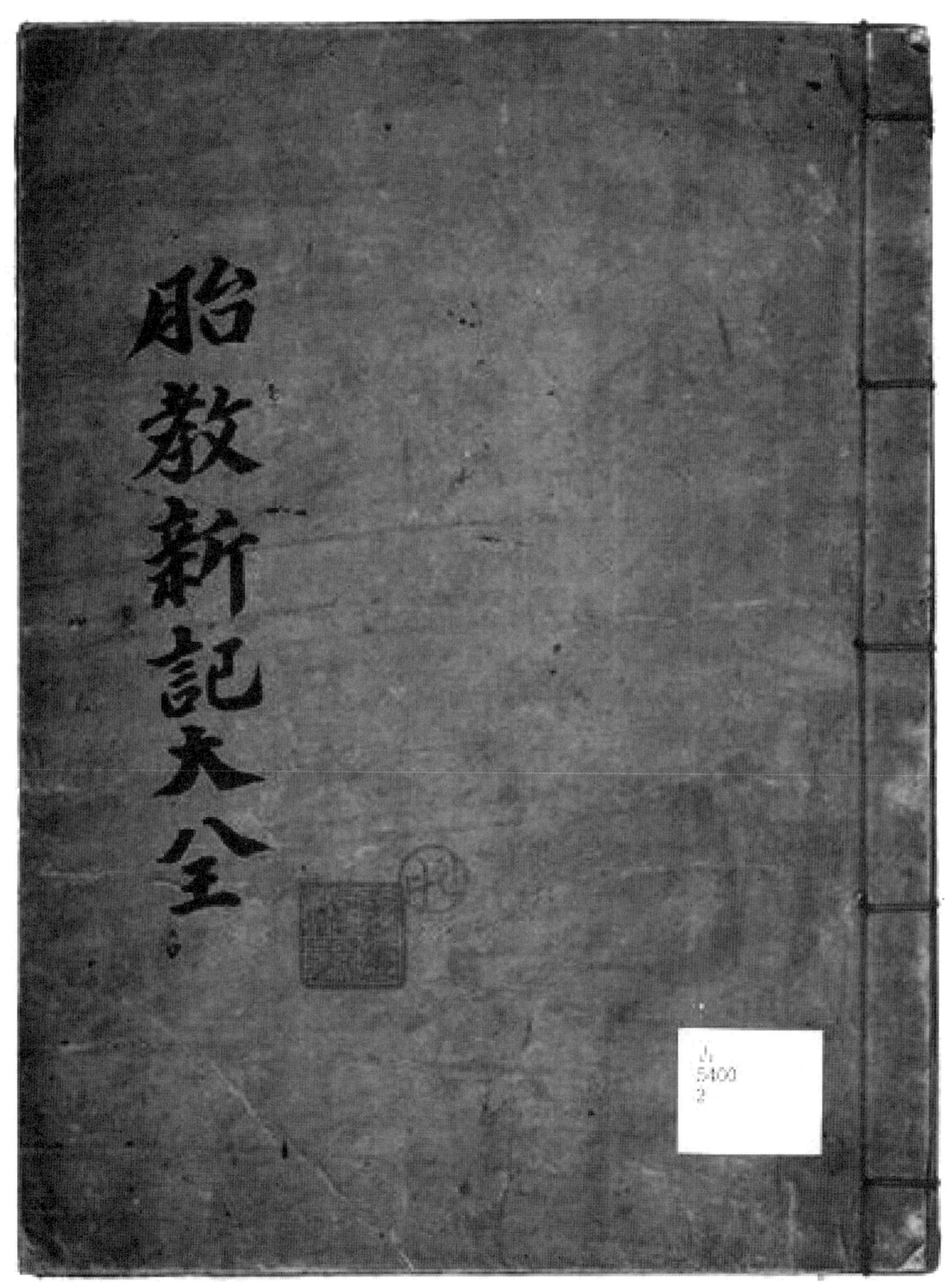

국립중앙도서관 소장본

胎教新記序

夫二儀構精醇醨未分四大成形聖凡已判是以端莊之化可以育明聖之德勛華之道不能致均朱之慝蓋未分則教可從心已判則習不移性此胎教之所以重也柳夫人李氏完山世族春秋今八十有三幼而好書深明經訓旁貫載籍寄意高秀以爲世之才難胎教之不行也乃採綴典訓遺意先達微旨凡姙婦之心志事爲視聽起居飮食之節皆參經禮而垂範綜墳記而炯鑑酌蠡理而啓悟出入玄奧勒成一編子西陂子儆離章辨句而釋之是謂胎教新記以補前人之闕文於戲遠矣西陂子與余新知有絶倫聰識詩書執禮固所雅言其學尤深春秋而於陰陽律呂星曆醫數之書莫不達其源而窮其支君子謂夫人之教使然西陂子曰稼谷尹尚書尤顧甚奇此書欲序未及而卒子爲我成之綽奉覽反復曰此秦漢以來所未有之書且婦人之立言垂世尤所罕聞昔曹大家作女誡扶風馬融善之使妻女誦焉然女誡所以誡成人成人而誡豈若胎教之力夫胎者天地之始陰陽之祖造化之橐籥萬物之權輿太始氤氳渾沌之竅未鑿玄氣發揮幽贊之功在人方其陰化保衛脈養月改靈源之呼吸流通奇府之榮血灌注母病而子病母安而子安性情才德隨其動靜哺啜冷暖爲其氣血未施斧藻龍鳳之章闇就事同埏埴瑚璉之器先表學有生知教不煩師用是道也故曰賢師十年之訓未若母氏十月之教覽此書者誠能昭布景訓矜珮諸媛庶見金環載肅無非義訓而王國克生盡爲恩皇矣　純廟卄一年辛巳重陽後日平州申綽謹序

胎教新記音義序略

始寅普閱西陂柳先生僖所著書目有曰胎教新記音義意其爲少儀內則胎教之旨而未知爲誰作而先生釋之後讀先生文錄考妣墓誌知先生母李淑人邃經晰禮先生早喪考木川君其學受自淑人淑人旣老著胎教新記傳於家又見申石泉綽木川君暨淑人合葬墓碣趙東海琮鎭先生誌皆推服是書石泉又爲之序以爲出入妙奧寅普亟思讀其書乾先生曾孫德永徧檢遺書卒不得謂其佚也今年杪冬德永從父弟近永自嶺之醴泉千里相訪出一編

則先生手書胎教新記音義也寅普驚喜殆不自定不惟十載耿耿一朝而償久願以先生卓犖閎碩而淑人訓之知先生者當知淑人之學爲何如而是書實淑人平生心力所凝聚此而不傳於震域學術遺恨至鉅乃幾不傳而傳其爲幸可勝道哉淑人在室習經讀六藝百家之言旣歸木川君木川君又負絕學夫婦術術講明古聖賢恉義旁治曆筭至律呂靈素靡所不儷偕暨木川君沒則嫥意教先生夫其勤勤於腹胎以預其薰化繼之苦心纂綴思廣其道於後則其養之於旣生導之於旣長者不待言也迨淑人晩節先生道行俱高著述滿家先生同母姊妹三人皆端莊有文淑人之爲是書固驗諸己而徵親見之實與虛依於理而設其言者異矣胎教之說昉見於戴記然已略晩世遠而始言優生優生者優其生也凡低儜悴癆癲癡瘖毒諸惡疾浸淫綿聯終以殲蠱族類則明爲之防用粹其良其說視醫養療餌爲玄遠蓋以彼治其成此事其先然亦止於是而已至其養之於氤氳之初制術猶疎矧仁煦義袘德教眇化去之固邈然也淑人之書首重父行母儀俾懷子之母率由順正以御氣血而方化者象焉觀其博究

精辨謂世多不肖非氣數使然孤懷瓌識可謂前無古人矣或目見則論見物而變或耳聞則論聞聲而感其說緫理績稟冥會幼眇居養事爲坐動行立寢臥飲食皆審碻周詳其言存心也曰延醫服藥足以止病不足以美子貌汎室靜處足以安胎不足以良子材子由血成而血因心動其心不正子之成亦不正姙婦之道敬以存心毋或有害人殺物之意奸詐貪竊妒毀之念不使槩芽於胸中然後口無妄言面無歉色若斯須忘敬已失之血矣嗚呼豈非所謂造之深而體之切者耶此講學之精言足以頡頏前賢

其徒以胎教垂後則自以婦人珩璜造次思不越其
位故也盖其講之至明察之至密古之言胎教至是
克底成典爲數千年來所未有衛諸遠西兼包有優
生家言而其洞本原操心御血優生家所莫逮苟行
之廣而群以則焉雖俊乂比屋可也其毗輔人群豈
有旣哉自女教中衰 昭憲后内訓以外域中閨壼
以經禮著述傳者絶鮮 肅 英以後樸學起而洪
淵泉奭周母徐氏名能文僅傳其詩徐楓石有榮兄
有本夫人李氏淵博富聞著閨閤叢書今其書存否
未可知其有書以傳而書又關係世道則獨淑人爲

然假使沿襲典訓猶爲綦重況其獨繇微言妙達天
人如淑人而是書至今不大傳値寰宇多故人物眇
然之日撫遺篇而回皇又安能不重爲之歎慨也雖
然淑人之著而先生之釋其精爽彌亘久遠決不沈
湮子孫之圖其傳無苟於一時而必思先世潔修之
節以期其不累重而愼之所以善其傳也淑人生
英祖己未卒于 純祖辛巳書之成在 正祖季年
又一年而音義就先生自稱子男儆實先生初名而
書末附以正音讀解詞語高古有法處出自淑人玆
又承學者所宜葆貴也近永志刊先生全書首事是

書寅普爲序其略如此云丙子十二月後學鄭寅普
謹書

胎教新記目錄

胎教新記章句大全

附錄

墓誌銘 并序

跋

胎教新記章句諺解

胎教新記目錄　一

胎教新記目錄

敎去聲後同　數去聲　內則禮記篇名

胎教新記章句大全

晉州柳氏婦師朱堂完山李氏著　子男儆釋音義

女範曰上古賢明之女有娠胎教之方必慎(女範明節婦劉氏所著)今考之諸書其法莫有詳焉自意求之盖或可知矣余以所嘗試於數四娠育者錄爲一編以示諸女非敢擅自著述夸耀人目然猶可備內則之遺闕也故名之曰胎教新記

人生之性本於天氣質成於父母氣質偏勝馴至于蔽性父母生育其不謹諸(勝如字馴音旬諸語助辭)

馴順習也蔽掩使不見也朱子曰天命與氣質亦

胎教新記大全　一

相家同纔有天命便有氣質若無此氣則此理如何頓放天命之性本未嘗偏但氣質所稟卻有偏處蓋此氣承載此理而行氣有傾向理不得不隨故氣質之性用事既久遂能掩蔽本然之至善實由於男女未謹胎教使其方至之氣方凝之質不得中正而然也○此節首言人生氣質之由

父生之母育之師教之一也善醫者治於未病善敎者敎於未生故師教十年未若母十月之育母育十月未若父一日之生(敎音效)

生指入胞也育指養胎也教誨也敎亦教也十月

自入胞至解産月數也入胞之後玅合成胎母之十二經脈分月遞養始于足厥陰終于足太陽而手太陽手少陰則下主月水上爲乳汁故不在養胎之數餘計十箇月乃産也○此節言教有本末

胎教爲本師教爲末

夫告諸父母聽諸媒氏命諸使者六禮備而後爲夫婦日以恭敬相接無或以褻狎相加屋宇之下牀席之上猶有未出口之言焉非内寢不敢入處身有疾病不敢入寢身有麻布不敢入寢陰陽不調天氣失常不敢宴息使虛欲不萌于心邪氣不設于體以生

其子者父之道也詩曰相在爾室尚不愧于屋漏無曰不顯莫予云覯神之格思不可度思 夫告之夫音扶諸語助辭 使者之使相在之相並去聲思終詩辭度入聲

聽聽從也媒氏周禮掌男女之娶嫁者命謂送致詞命也士昏禮納采問名納吉納徵請期親迎凡六禮惟親迎無使者猶有未出口之言謂敬以相憚不敢盡言心内之私也内寢妻之適室也麻經布衰謂喪服也不調失常謂隆寒盛暑烈風雷雨之類也宴息謂安寢也坎水不涸則虛欲不萌离火常明則邪氣不設如是然後神旺精盛生子而

士昏禮儀禮篇名 [illegible] 衰縗同 坎水喩腎 离火喩心

才且壽也詩大雅抑之篇相視也屋漏室西北隅也覯見也格至度測也言視爾獨居之時猶不愧于幽深之處而後可爾無曰此非顯明而莫有見者當知鬼神之玅無物不體其至於是有不可得而測矣○此節言胎教之道始自男女居室之間而其責專在於父

受夫之姓以還之夫十月不敢有其身非禮勿視非禮勿聽非禮勿言非禮勿動非禮勿思使心知百體皆由順正以育其子者母之道也女傳曰婦人姙子寢不側坐不偏立不蹕不食邪味割不正不食席不

視上聲 愧同

正不坐目不視邪色耳不聽淫聲夜則令瞽誦詩道正事如此則生子形容端正才過人矣 知傳並去聲偏本作過義 同蹕讀彼智反

古者爲子孫爲姓詩云振振公姓有私有也非禮勿視以下十六字論語文使心知以下九字樂記文女傳漢劉向所著列女傳姙姙娠懷子也寢寐也側仄同不正也偏邊同一邊也蹕跛同偏任也邪味餅品之奇巧者邪色容色之妖冶者淫聲音樂之檏亂者瞽樂師無目者詩孔子所刪三百篇也道說也正事正人君子之事也陳氏曰婦人姙

詩[illegible]篇 文樂記禮記篇名 任去聲 說音雪

能耐同

春秋穀梁傳無行以下論語文聲色以下中庸文

子坐立視聽言動無不一出於正然後生子形容端正才能過人矣○此節言胎教之責專在於女

子長羈丱擇就賢師師教以身不教以口使之觀感而化者師之道也學記曰善教者使人繼其志長去聲羈丱音奇慣

羈束髮也丱兩角貌春秋傳曰羈丱成童師教以身猶曰無行而不與二三子者也不教以口猶曰聲色之於以化民末也觀目觀感心感化身化也學記禮記篇名繼其志者人樂倣傚也○此節言既長之後責在於師

是故氣血凝滯知覺不粹父之過也形質寢陋才能不給母之過也夫然後責之師師之不教非師之過也知過並去聲能才代反夫音扶後同

粹精純也寢醜陋劣也能耐同才力也給之爲言足也○此節結上三節之意而言子有才知然後專責之師

右第一章只言敎字○此章言氣質之病由於父母以明胎教之理

夫木胎乎秋雖蕃廡猶有挺直之性金胎乎春雖軟利猶有流合之性胎也者性之本也一成其形而教之者末也廡古通蕪軟音爇

陰陽家木胎於酉生於亥旺於卯絶於申金胎於卯生於巳旺於酉絶於寅挺上抽也性指氣質之性木是柔物而猶能挺直者稟乎秋也金是剛物而猶能流合者稟乎春也性之得於胎教者如此一成其形謂木芽金礦及人之産也○此節言物之性由於胎時之養

胎於南方其口闊南方之人寬而好仁胎於北方其鼻魁北方之人倔強而好義氣質之德也感而得乎十月之養故君子必慎之爲胎闊宏通倔音掘

闊深大也魁高擧也南方水深故口闊北方山高故鼻魁孔子曰寬柔以教不報無道南方之強也衽金革死而不避北方之強也德性之効也○此節略擧以見人之性由於胎時之養

右第二章只言胎字○此章引譬以見胎教之効

古者聖王有胎教之法懷之三月出居別宮目不衺視耳不妄聽音聲滋味以禮節之非愛也欲其教之豫也生子而不肖其祖比之不孝故君子欲其教之豫也詩曰孝子不匱永錫爾類衺古邪字匱音饋

梁顔之推家訓 比三以下 大戴禮文苟上聲升 一作斗調平聲種上聲

古者聖王以下三十三字顔氏家訓文標之三月
始知胎也出居别宮欲寧靜也目不衺視正容貌
也耳不妄聽絶襍語也音聲滋味以禮節之節所
謂比三月若王后所求聲音非禮樂則太師撫樂
而稱不習所求滋味非正味則太宰荷升不敢煎
調而曰不敢者也愛憐惜也豫先事也肖似也子
不肖祖比之無後故其父自爲不孝也詩大雅旣
醉之篇匱竭錫賜也言孝子之種不竭長賜以汝
之類也○此節言古人有胎教而其子賢
今之娠者必食恠味以悅口必處凉室以泰體閑居

詼諧

無樂使人諧語而笑之始則誑家人終則久卧恒眠
誑家人不得盡其養久卧恒眠則停息至損之也
恃待之也慢惰然故滋其病而難其産不肖其子而
墜其家然後歸咎於命也 閒音閑樂音洛去聲惰徒卧反
詼諧謂可笑荒說也誑欺瞞也蔑棄其道也血衍
爲榮氣行爲衛周流一身者也息止也損傷也婦也
讚也待謂他人待娠婦也滋益也家謂家聲也命
命數也○此節言今人無胎敎而其子不肖
夫獸之孕也必遠其牡偶之狀也必節其食求氣化
子尚有類狀之聲是故禽獸之生皆能肖母人之不

惡去聲 欲同慾

之事不聞于耳然後情慢邪僻之心無自生焉待娠
婦 處上聲樂音洛閒音閑
爲人謂心術也七情喜怒哀懼愛惡欲也可師之
言可法之事謂古人之嘉言善行也間間斷也末
句復言待娠婦者總名此節也下十一節倣此○
胎教之法他人待護爲先
妊娠三月形象始化如犀角紋見物而變必使見貴
人好人白璧孔雀華美之物聖賢訓戒之書神仙冠
珮之畫不可見倡優侏儒猿猴之類戲謔爭鬪之狀
刑罰曳縛殺害之事殘形惡疾之人虹蜺震雷日月

醫學入門李梴著 經血候 腪音運 惡入聲

薄蝕星隕彗孛水漲火焚木折屋崩禽獸淫泆病傷
及汚穢可惡之蟲娠婦目見 娠音申象像通冤如字孛入聲可惡之惡去聲
醫學入門曰夫人之有生也精血日化從有入無
中竅日生從無入有自然旋轉九日一息次九又
九凡二十七日卽成一月之數凝成一粒如露珠
然乃太極動而生陽天一生水謂之胚此月經閉
無潮無痛飮食稍異平日不可觸犯及輕率服藥
又三九二十七日卽二月數此露珠變成赤色如
桃花瓣子乃太極靜而生陰地二生火謂之腪此
月腹中或動不動猶可狐疑若吐逆思酸名曰惡

滯㬗 液絨 緜名

壽世保元 明醫書名

空去聲

阻有孕明矣又三九二十七日卽三月數百日間
變成男女形影如清㬗滯中有白絨相似以成人
形㬗與雌雄二器先就分明其諸全體隱然可悉
斯謂之胎乃太極之乾道成男坤道成女此時胎
最易動不可犯禁忌所謂形象始化也孱南方猛
獸似豕黑色三角一在頭上一在額上一在鼻上
角色明黃往往有黑紋如物形多由其母相感時
所目見而生也必使以下十一字壽世保元文貴
人有爵位之人好人有德長老也璧玉名圜而有
空孔雀鳥名尾翠而長有異彩冠冠冕珮珮玉謂

公羊春秋

冠珮之朝官也倡優卽今之才人花郞侏儒卽今
之難長皆所以爲戲者猿猴二獸名寓屬似人人
家馴之以供玩美詼戲語也曳過曳也縛綁縛也
殘形如眇躄無脣之類惡疾如狂癎瘴癩之類霓
雌虹也震雷擊物也薄蝕相薄而食也朔而月過
日下則日蔽不見望而日月正相當則月入地影
而光沒皆其形漸漸犯入如蟲食葉故曰蝕自上
而下曰隕春秋作霣彗妖星有茫而長尾如掃篲
孛失行之星也漲水大至也焚燒之壯也淫淫亂
也泆淫貌淫泆病傷並指禽獸而言也汚穢如蝸

歇

蚓之屬可惡如蛇蝎之屬○自正其心者先謹目
見
人心之動聞聲而感妊婦不可聞淫樂淫唱市井喧
譁婦人誶罵及凡醉酗忿辱憿哭之聲勿使婢僕入
傳遠外無理之語惟宜有人誦詩說書不則彈琴瑟
妊婦耳聞 樂音岳誶音祟酗凡赴反說音雪不平聲
淫樂如巫覡迎神佛事請衆之類淫唱如倡優打
量兒童時謌之類古者八家同井相救助故民居
謂之井誶詬語也酗醉怒也憿哭聲也遠外遠方
相外之地無理之語謂鄙俚褋談也詩指三百篇

及樂府歌行誦之取其音響也書指經書及先儒
文字說之取其旨義也彈手彈也○旣謹目見耳
聞次之
延醫服藥足以止病不足以美子貌汎室靜處足以
安胎不足以良子材子由血成而血因心動其心不
正子之成亦不正妊婦之道敬以存心毋或有害人
殺物之意奸詐貪竊妒毁之念不使蘖芽於胸中然
後口無妄言面無歉色若斯須忘敬已失之血矣妊
婦存心 汎音信處上聲毋無通歉詞歛反
延迎致也飮藥曰服汎洒也謂洒水而掃之也良

亦美也材猶質也血心並指毋而言也毋禁止辭
奸以心欺詐以言欺也貪明取財竊暗取財也妒
心忌人毁言誣人也念意之發也蘖芽言如艸木
之始萌也歉不足也斯須猶言須臾也失之血謂
血不由其行也蓋人之百體皆聽令於其心故其
心一正而耳目聰明血氣和平施之百事莫不順
成然素無涵養則心不可猝正故君子必愼之於
視聽言動無或由非禮者所以爲此心常惺惺地
也今若不務乎主敬而徒區區於耳目鼻口之末
節則本源已繆百體不順故胎教之法尤當以存

心爲主○視聽旣正然後心正
妊婦言語之道忿無厲聲怒無惡言句語無搖手笑
無見矧與人不戲言不親詈婢僕不親叱鷄狗勿誑
人勿毁人無耳語句言無根勿傳非當事勿多言妊
婦言語 言語耳語之語上聲語無之語去聲當亦去聲矧音哂叱入聲傳平聲
直言曰言論難曰語厲猛也惡言不順之言也搖
手如抵掌揶揄之類矧齒本也不親者使人代之
也叱詈聲也誑人謂詐語毁人謂誣語也言無根
猶曰無稽之言也當事凡謀事成務皆是也○心
正則言正

居養不謹胎之保危哉妊婦旣妊夫婦不同寢衣無
太溫食無太飽不多睡臥須時時行步不坐寒冷不
坐穢處勿聞惡臭勿登高廁夜不出門風雨不出不
適山野勿窺井塚勿入古祠勿升高臨深勿涉險勿
擧重勿勞力過傷勿妄用鍼灸勿妄服湯藥常宜清
心靜處溫和適中頭身口目端正若一妊婦居養 養去
聲穢處之處亦去聲靜處之處上聲不適之適音迹適中之適音的
居自居養受養也衣無太溫以下十七字勿涉險
以下二十一字並毉學入門文勿登高廁四字毉
學正傳文適中適天時之中也○外養則居處爲

先
妊婦苟無聽事之人擇爲其可者而已不親蠶功不
登織機縫事必謹無使鍼傷手饌事必謹無使器墜
破水漿寒冷不親手勿用利刀無刀割生物割必方
正妊婦事爲 聽去聲饌音撰
聽任之也可者謂無妨之事也不蠶惡其殺生也
不織惡其撚體也鍼傷手則身驚器墜破則心驚
親手猶言着手也利刀銛刃之刀也生物謂鷄雀
魚蟹之類方正指凡肉菜餅餈而言也○居養亦
不得全無事爲

任去聲

妊婦端坐無側載無恃壁無箕無踞無邊堂坐不取高物立不取在地取左不以右手取右不以左手不肩顧彌月不洗頭妊婦坐動（洗西陪反）

側載身任一邊也恃依也箕展足踞垂足也邊堂于堂之邊也肩顧謂顧而轉肩也彌月猶言滿朔也動指坐不取以下而言也〇事爲不可常故次之以坐

妊婦或立或行無任一足無倚柱無偃危不由仄逕升必立降必坐勿急趨勿躍過妊婦行立（降音絳）

偃蹇也升必立不坐升階也降必坐不立降階也

過指溝渠而言也〇人不可以常坐故次之以行

妊婦寢臥之道寢毋伏臥毋尸身毋曲毋當隙毋露臥大寒大暑毋晝寢毋飽食而寢彌月則積衣支旁而半夜左臥半夜右臥以爲度妊婦寢臥（伏旁並如字度去聲）

尸仰臥曲屈臥也隙戶穴也露無庇也積襞積也支拄旁脇也度常法也〇行立之久必有寢臥

妊婦飲食之道果實形不正不食蟲蝕不食腐壞不食瓜蓏生菜不食飲食寒冷不食食饐而餲魚餒而肉敗不食色惡不食臭惡不食失飪不食不時不食肉雖多不使勝食氣服酒散百脉驢馬肉無鱗魚難

萵苣音窩粔　飪而甚反　得效方危亦林著　黃顙俗名銅雀魚鰻鱺俗

靡麥芽胡蒜消胎莧菜蕎麥薏苡墮胎薯蕷旋葍桃仁兔肉子無聲兔肉子缺脣螃蟹子横生羊肝子多厄鷄肉及卵合糯米子病白虫鴨肉及卵子倒生雀肉子淫薑芽子多指鮎魚子疳蝕山羊肉子多病菌蕈子驚而夭桂皮乾薑勿以爲和獐肉馬刀勿以爲臛牛膝鬼箭勿以爲茹欲子端正食鯉魚欲子多智有力食牛腎與麥欲子聰明食黑蟲當產食鰕與紫菜妊婦飲食（食寒食饐食氣之食音嗣蒜音筭蓏饐於冀反餒奴罪反餲烏邁反惡勝並如字散去聲葫音胡蒜蘇貫反莧音現墮音朶薯藷音署蕷音預蕎音喬糯音懦鮎奴兼反疳音甘菌渠隕反蕈音尋乾音干獐音章臛當六聲）

蟲蝕腐壞亦指果實而言也蓏諸瓜總名生菜如萵苣菘葉之類飲水漿也食飯也食饐以下三十五字論語文饐飯傷熱溼也餲味變也魚爛曰餒肉腐曰敗色惡臭惡味亦將變也飪烹調生熟之節也不時五穀未成果實未熟之類服酒以下十六条皆禁忌之由也服酒散百脉五字得效方文驢馬以下至子驚而夭見醫學入門而本文無蕎麥二字及薯蕷以下九字無鱗魚黃顙鰻鱺之屬葫蒜大蒜也莧有六種此言菜指人莧也蕎麥木麥也薏苡草實名殼薄者可作穀食薯蕷山藥也

名鮎長魚脆[illegible]同粘音鮎駢頻眠反

旋葍艸名蔓生花似牽牛而紅色根似薯蕷而細
甘脆可蒸食糯粘稻也白蟲寸白蟲也雀黃雀也
多揩莊子所謂駢拇枝指也鮎魚無鱗有涎背青
黑生江湖中首有香氣疳蝕口中惡瘡也地生曰
菌木生曰蕈皆溼氣所成也驚驚風也桂皮桂木
皮也乾薑乾白之薑也和如商書若作和羹之和
言以桂薑爲粉調和餅餈也馬刀蛤名偏長如斬
馬刀生沙水中臛肉羹也牛膝艸名葉似酸漿節
如牛節故得名鬼箭木名叢生身有四恐如箭之
羽故名曰鬼箭羽其葉可作菜食茹食菜也乾薑

馬刀散氣獐肉桂皮牛膝鬼箭皆墮胎故不食欲
子端正以下十八字壽世保元文腎臟名麥大麥
也黑蟲生海中卽海蔘也當產猶言臨產也蝦乾
蝦也紫菜卽海藿也○寢起必食食最重故在後
姙婦當產飮食充如也徐徐行頻頻也無接褋人子
師必擇痛無抽身句偃臥則易產姙婦當產 抽音狃易去聲
充如言常實也頻頻少休復行也子師若今之乳
母也內則曰擇於諸母與可者必求其寬裕慈惠
溫良恭敬愼而寡言者使爲子師抽絞轉也偃臥
倚物仰面而臥也○胎敎止於產故以產終焉

難去聲

腹子之母血脉牽連呼吸隨動其所喜怒爲子之性
情其所視聽爲子之聰明其所寒暖爲子之氣候其
所飮食爲子之肌膚爲母者曷不謹哉 候去聲
腹猶言懷也候節候也以言氣之往來也○總結
上文十三節

右第四章胎敎之法

不知胎敎不足以爲人母必也正心乎正心有術謹
其見聞謹其坐立謹其寢食無褋焉則可矣無褋之
功裕能正心猶在謹之而已
術路也褋謂不一也裕優也蓋言無褋則優足以

正心其功之大如此猶不過謹之一字也○此節
言胎敎之要
寧憚十月之勞以不肖其子而自爲小人之母乎曷
不強十月之功以賢其子而自爲君子之母乎此二
者胎敎之所由立也古之聖人亦豈大異於人者去
取於斯二者而已矣大學曰心誠求之雖不中不遠
矣未有學養子而后嫁者也 勞平聲強去養上聲中去聲后後通
寧猶豈也憚患之也強勉強也功猶言工夫也去
取猶言取舍也大學舊禮記篇名今爲別書誠實
也言若以實心求之庶幾得其道也○此節難之

而使自求
爲毋而不養胎者未聞胎教也聞而不行者畫也天
下之物成於強隳於畫豈有強而不成之物也豈有
畫而不隳之物也強之斯成矣下愚無難事矣畫之
斯隳矣上智無易事矣爲毋者可不務胎教乎詩曰
借曰未知亦既抱子 強上聲隳[illegible]虧反易以豉反知去聲
畫猶論語今女畫之畫自限不進也物亦事也隳
毁也務用力也詩大雅抑之篇借假也亦假使曰
汝未有知識汝既長大而抱子宜有知矣○此節
承上言求則得之

胎教新記大全 十七

右第五章以下襍論胎教○此章反覆勸人使
行胎教
養胎不謹豈惟子之不才哉其形也不全疾也孔多
又從而隳胎難産雖生而短折誠由於胎之失養其
敢曰我不知也書曰天作孼猶可違自作孼不可逭
從去聲失養之養亦去聲逭音換
形不全謂殘缺不成形也疾病孔甚也短折橫夭
也誠信也我不知猶言非我之罪也書商書太甲
之篇孼災違避逭逃也言天降災禍猶可修德而
避之身既失德而致之則又安所逃乎

發願祈於佛以求成其願也功果猶功効也益見佛書

右第六章○此章極言不行胎教之害
今之姙子之家致瞽人巫女符呪祈禳又作佛事舍
施僧尼殊不知邪僻之念作而逆氣應之逆氣成象
而罔攸吉也 呪支舊反舍捨通施應亦去聲象像通
致致之也瞽則書符誦呪巫則祈福禳災佛事發
願功果之類舍施者舍己財而施之佛也男曰僧
女曰尼三者之術皆不見其實効而猶且惑之所
謂邪僻之念也作起也逆氣者理之所舛而氣不
由其順也罔無之甚也攸所也○此節戒惑邪術
性妒之人忌衆妾有子或一室兩姙婦姒娣之間亦

胎教新記大全 十八

未相容持心如此豈有生子而才且壽者吾心之天
也心善而天命善天命善而及于子孫詩曰豈弟君
子求福不回 豈音凱弟音悌
性指氣質之性爾雅長婦謂稚婦爲娣婦娣婦謂
長婦爲姒婦持心猶言處心也吾指姙婦而言也
吾心之天猶言吾之心天也吾之心本受於天命
而天命既善故心善則理順理順則和氣應之而
生子才且壽也詩大雅旱麓之篇豈弟樂易也回
邪也言君子之所以求福乃無邪回也一有邪回
之心則福不可求矣○此節戒存邪心

元時儒醫朱震亨號丹溪著格致餘論等 諸書曰丹溪心法

右第七章○此章戒人之以媢神拘忌爲有益
於胎
醫人有言曰毋得寒兒俱寒毋得熱兒俱熱知此理
也子之在母猶瓜之在蔓潤燥生熟乃其根之灌若
不灌也吾未見母身不攝而胎能養胎不得養而子
能才且壽者也養去聲
醫人朱丹溪也毋得寒以下十二字出格致餘論
寒熱俱指病證而言也蔓謂瓜之蔓也潤燥生熟
指瓜而言也灌以水注地也若猶言與也養謂養
之之道○此節言養胎之所當然

彝子面貌必同良由胎之養同也一邦之人習尚相
近養胎之食物爲教也一代之人品格相近養胎之
見聞爲教也此三者胎教之所由見也君子既見胎
教之如是其皦而猶不行焉吾未之知也彝驊汗反養同之養去聲尚亦去聲由見之見音現皦皦通音皎
彝雙生也戰國策曰彝子之相似唯其母知之良
信也邦邑也習尚謂習俗之所尚如晉魏儉嗇燕
趙悲慨是也食物姙婦所食之物爲教言自然之
効有如胎教也一代一時也稟格謂所稟之氣格
如西漢重厚東晉淸虛是也見聞姙婦之所見所

夫如字 姆女師也 孟子母見列女傳 保傅大戴禮篇名 孫古遜字 祭法禮記篇

聞也所由見言始徵於此三者也皦明白貌曰未
之知者怪之也○此節言養胎之所已然又歎其
不行
右第八章○此章襍引以證胎教之理申明第
二章之意
胎之不教其惟周之末廢也昔者胎教之道書之玉
版藏之金櫃置之宗廟以爲後世戒故太任娠文王
目不視邪色耳不聽淫聲口不出敖言生文王而明
聖太任教之以一而識百卒爲周宗邑姜姙成王於
身立而不跛坐而不蹉獨處而不踞雖怒而不詈胎

教之謂也
按內則妻將生子及月辰居側室夫使人日再問
之作而自問之妻不敢見使姆衣服而待是知春
秋之時猶有胎教餘意也又按孟子母曰吾聞古
有胎教今適有之而欺之不信也是知戰國之世
已無胎教也道法也所謂玉版金櫃之書今略見
大戴禮保傅篇中太任娠文王以下三十九字列
女傳文太任文王母任姓摯國女也敖言不孫之
言也教一識百生知之至也卒終也祭法有祖有
宗而周人以九月宗祀文王於明堂故曰周宗邑

名跌 音經

賈氏 名誼 新書 其所

音任 任平 當下 句去 聲

姜成王母姜姓太公女也姙成王以下二十八字
亦大戴禮文跛蹇蹉跌皆喻其傾偏不正之貌
右第九章〇此章引古人已行之事以實一篇
之旨

胎教曰素成爲子孫婚妻嫁女必擇孝悌世世有行
義者君子之教莫先於綮成而其責乃在於婦人故
賢者擇之不肖者教之所以爲子孫慮也苟不達聖
人道者其孰能與之 爲去聲 與音預
胎教賈氏新書篇名綮成以下十九字是其文而
亦本大戴禮綮成綮有所成指胎教也世世指彼

胎教新記大全 二十一

家先世也責職任也賢不肖皆指婦人而言也擇
娶賢婦人所以任胎教而若不得賢者則又當教
之使行胎教故此書之不得不作蓋以是也
右第十章推言胎教之本〇此章乃責丈夫使
婦人因而極贊之

胎教新記章句大全

胎教新記附錄

師朱堂李氏夫人墓誌銘 幷序

師朱堂李氏全州人故木川縣監柳公諱漢奎之
配春秋八十三　卄載太歲辛巳九月己巳 二十二日
終漢南之西陂寓廬遺令以先妣手簡一軸木川
公性理答問一軸自寫聲蒙要訣一通藏諸緣中
粤三月丁卯葬龍仁之觀青洞鐺峯下遷木川公
柩合窆子儆 後改名僖 既顓追撰遺徽以來請銘曰夫
人之姓系出　太支敬寧君裶十一代孫考昌植
祖咸溥皆未顯 妣晉州姜氏佐郎德彥女 英廟乙未十二月五日酉時生夫人于

胎教新記附錄 一

清州西面池洞村第 夫人幼循整女紅旣而希心古烈乃取
小學家禮及女四書借績燈誦習逾年成一家語
柳公序所云不減內訓女範者也繼治毛詩尚書
論語孟子中庸大學等書綜理微密辨解透晤李
宗丈夫莫之先也在室爲父不肉不緜服佩古制
動遵禮訓流馥下邑聲稱彌遠湖右先輩莫不歎
賞時柳公喪其偶無意復娶聞夫人自笄年通經
史行能殊異喜曰是必能善事吾母委禽焉夫人
入門尊姑年老眼昏多激惱承歡左右有順無違
舅黨諸人曰新婦不知勞不知怒然綮性嚴恪根

禮傳識人不可媟故諸娣閥閱世族小姑家貴富
且皆年長以倍特相敬重如見大賓柳公以伉儷
之重兼道義之交談討與秘吟咏性情胥爲知己
平生言議體憲考亭以爲氣質不離本然之性人
心不在道心之外援據的確恨古之胎教不行於
今本經傳參歧黃旁搜奇逸著書三編是爲胎教
新記樹聖善之寶坊啓未來之華胄善世開物之
心達乎卷面窮居陋巷朝夕之不暇謀而慂欲不
行於己固辭劉傣之餽痛絶懷橘之養鮮潔自修
孚於遠邇來往商婆不貳其價曰嫣內豈欺我哉

別墅贏資歲計而餘贖還山下祭田封修遠基崩
頹預且後日祀用凡百幹擧多力所不逮嘗爲親
家經紀立後比晩年嗣又絶族人遽瘞三世廟主
夫人痛絶于心曰餘生未亡忍見親廟之毁是亦
喪之類也爲之服素逾大朞以后仍抱貞疾而坐
臥寄怡不出墳典李都正昌顯姜洗馬必孝嘗紹
人轉達質厥文疑李上舍勉訥李山林亮淵升堂
而拜自幸親炙其爲有識所重如此始夫人晝哭
孳率弱子女寄寓龍仁生人所求輒無有然諸子
女不以饑困廢業終能嫁娶成立於義訓之中儆

既聰明博考多羽翼經史之功女長適秉節郎李
守默次進士李在寧次朴胤燮並著婦德東海毋
儀知有自焉木川公系歷前夫人所生在右壙之
誌銘曰
懿夫人古女士栝儒圍㳄道揆垂物軌激芬藹歛
華彩超氛滓延津合光烈紫鐺之麓北靈址侔高
壓石以記承政院右承旨石泉處士申綽撰

跋

母氏在室習經讀我外王考曰觀古名儒母無無
文者吾且聽汝及歸我家袁取前哲起居飮食諸
節暨聲書孕婦禁忌末附經傳可教儒子句語解
以諺文成一冊子爲勿忘之工我先君子手題卷
目曰教子輯要旣育不肖等四男女冊子遂如得
魚之筌二十有餘歲復出四娣箱中母氏歎曰此
書要以自省初非以貽後旣偶存到爾手定不毁
棄夫養蒙聖功自三日咳名以下備見傳記無庸
吾叟添獨腹中一教古有其事今無其文已累千

胎教新記跋 四

年巾幗家曷從自覺而行之宜生才不逮古昔無
徒氣化尤也吾自恨女子無以致讀書益叟恐負
先人意嘗試之胎教凡四度果爾曹形氣無大盭
此書傳于家豈不亦有助於是刪去末附只取養
胎節目反覆發明務牖世迷命之曰新記以補少
儀內則舊闕也篇完後一年不肖節章句釋音義
適于母氏劬勞日斷筆亦異哉謹語一語尾之曰
嗚呼觀此書然後知儆爲自賊者爾人但有善性
猶君子責使其充况氣質未始不粹乎此書卽儆
厥初受也爲教十月如是其摯儆在孩提不無少

異及孤以還狼狽焉顚覆焉一至今日焉今日圅
莾豈由我父母適由儆自賊者晦盡我父母勤勞
使世人譏生子不肖何我父母誣也此此書不可
不傳庶觀者憫我父母留無穫也 純廟元年辛
酉三月二十七日癸卯不肖儆謹識

大대凡범사람가라칭이術술이만ᄒᆞ니童동蒙
몽으로붓허長쟝成셩함에이라기에안ᄒᆞ로賢
현父부兄형의教교導도와밋그로嚴엄師사友
우의有유益익함이無무非비變변化화氣긔質
질ᄒᆞ야君군子자의地디位위에이라게함이로

胎教新記跋 五

대至지於어胎태教교之지方방은周쥬之지大
대任임이겨오하나이시라大대抵뎌受슈胎태
后후로붓허子자息식의知지覺각運운動동과
呼호吸흡喘쳔息식과飢긔飽포寒한暖난等등
事사ㅣ라도다어미랄따라性셩稟품을이루나
니그런즉胎태中즁에가라티난배엇디可가히
一일篇편書셔ㅣ업아리오是싀故고로우리慈
자闈위ㅣ博박通통經경史사하시고採채摭쳑
羣군書셔하샤至지於어醫의鑑감俗속說셜이
라도바리디아니시니이글이한번나메天텬下

하에懷회姙잉한女녀子자ㅣ子자息식을生생
育육하야疫피癃륭殘잔疾질을免면하고聰총
明명睿예知지가더하리니어미노릇한줄을비
로소알디라其기功공이豈긔小소哉재아이난
慈자闈위ㅣ우리四사男남女녀의試시驗험하
사耳이目목口구鼻비의未미成셩함이엽사니
이가그效효驗험이라내말이엇디私사私사하
리오高고明명하신識식見견이실로사람의아
지못하난엔알게하심이니보난者쟈ㅣ맛당
히鑑감法법할띤뎌歲셰庚경午오秋추七칠月

胎教新記跋 六

일旣긔望망에不불肖쵸長쟝女녀난謹근跋발
하노라
此차卷권인즉우리慈자闈위의지으신베라噫
희라우리慈자闈위ㅣ自자幼유로織직紝임紡
방績적之지暇가에博박通통經경史사하어시
니다시大대道도에뜻을두샤理리氣긔性셩情
졍의學학을밝이시고房방外외書셔랄求구티
아니시며吟음咏영을더욱조화아니시니크게
時시俗속에다름이계신디라至지於어著져述
술은不불過과古고人인의糟조粕박이라하샤

또한留유意의디아니시대特특別별이이랄셔
두오심은다만몸소試시驗험하신바로女녀婦
부랄도이랴신일이시나이졔보건대나갓한不
불肖초ㅣ잇스니셰상에뉘ㅣ胎태教교로써잇
부다하리오비록그르나또한그럿디아님이잇
스니不불肖초等등며男남妹매가임의無무事
샤長쟝成셩하야早조夭요惡악疾질者쟈ㅣ업
고至지於어舍샤弟뎨徽경은乳유哺포를못하
出출類류한才재性셩이잇고不불肖초三삼兄
형弟뎨도역시舅구家가에得득罪죄랄免면하

胎教新記跋 七

니엇지우리慈자闈위ㅣ胎태에삼가신恩은德
덕이아닌줄알니오可가히恨한하옵은不불肖초
等등도受수稟품인즉거의下하等등은免면헌
니나자라옴으로本본質질을剛강勵려티못하
야맛참내破파器긔랄免면티못히니悲비夫부
悲비夫부ㅣ로다歲셰庚경午오季계秋추初초
吉길에不불肖초小쇼女녀난謹근跋발하노라
○圭嘗慕方便子先生柳公經術文章之盛而意其
謂胚胎鍾毓之有不凡也日柳君近永賚其高王
妣李淑人所著胎教新記徠示予屬以卷尾之語

李氏乃方便子之大夫人也予盥讀訖歛袵敬歎
曰有是哉宜是母而有是子也竊觀其書首言性
命賦受之原氣質善惡之由次言夫婦居室之道
姙娠日用之節引經訓以實之參證方以證之或
引物而取譬或憫俗而存戒理義昭晳文章典雅
使天下之爲父母者曉然知胎敎之不可不謹而
方便翁又註以釋之諺以解之雖愚夫愚婦未或
難悟儘所謂憂之也深故其言之也切慮之也遠
故其說之也詳者也昔朱夫子之編小學也以太
任胎敎爲首而列女傳姙子之方次之聖賢敎人

端本淸源之意蓋如是也是書本於小學首篇之
旨而言之詳且切有加焉垂世立敎孰有先於此
者乎向使早進王國印于書舘頒示爲天下敎則
豈不生育得多少俊英而寥寥數百載藏弆于一
家私篋則雖欲無才難之歎得乎近永甫惧家獻
之湮没慨世敎之陵夷將刊印是書公于一世可
謂篤於孝慕而爲志亦不苟矣世之讀者苟能玩
味而體行之則東邦人才之盛其庶幾乎丙子重
陽節永嘉權相圭謹書

此胎敎新記李氏夫人師朱堂所著書也人之生
均受天之所賦予而其容貌之姸媸才藝之智愚
有萬不齊者抑又何哉小學列女傳曰婦人姙子
寢處坐立飮食之節必以其道則生子形容端正
才過人矣古人已實驗行之豈可以微獨而忽之
也師朱堂夫人生乎仙李之華閥博通經史百家
歸乎晉柳之名門恭執內則諸訓已是閨壼中女
士旁究子育之道以謂敎之於胚胎之中母之職
也敎之於長成之時父師之責也於是乎以是母
生是子即上舍南岳柳公諱儆也始也姿相出類
終焉文行絶世豈非胎敎之有以致此耶南岳公

一自孤露搜出古箱中深藏之此記感手澤之尚
存懼蠹蝕之或泯旣註釋於章句且謄諺於編尾
俾使男女各自省觀其綱領條目也大而天地陰
陽之交泰風雨雷霆之相剝細而吉凶之不相襍
邪正之不相容粲然具備較諸向所云列女傳尤
極詳密此婦人之寶鑑也我族叔鍾洙甫向余道
此記之珎貴而師朱堂玄孫近永自東華來寓襄
陽追從甚好云以其又恬澹文雅之爲適家人也
近永甫已鈔弆南岳遺稿幾十卷力絀而留俟鋟
繡擬先此一弓刊布於遠邇要我記實于卷端使

世之人一經眼則輻湊購覧何見西京紙貴之美
譚何待讃揚特賀近永甫追孝之誠世濟不匱云
爾丁丑仲春眞城李忠鎬謹跋

夫婦一家之天地也造端贊育盖有道焉古者有
胎教之法以是也後世知道者鮮旣或不謹於居
室且其娠育也一聽於氣化之自爾而不小致力
於已所當爲人品之生顧安得不衰替矣乎惟師
朱堂李淑人生璿源禮法之門早承家學洞有所
造適柳氏而配賢君子得行其所學克盡婦道及
其姙四子女輒皆教於未生一如列女傳所云而

胤子西陂先生以鴻才明智卒能邃於文學爲世
名儒此其爲胎教之驗也淑人嘗因其平日踐歷
者著爲一書名曰胎教新記見其引喩該博節目
詳備實有前人所未發苟非仁淑明膚徹人理而
贊天化者其能得與於此哉蓋古女士之能文章
者或無德可稱而有德者又無文可傳若淑人者
卓乎其無與儔者歟西陂翁嘗解釋是書使人曉
然易知其述先徽爲後慮者至矣至久在巾笥識
者恨之玄孫近永甫慨然發慮圖所以鋟梓而壽
傳請余一言識其尾旣懇辭不獲則乃斂袵而言

曰不亦善乎祖先之文孰非可重而是書之有關
於世教尤非尋常咳唾之比也世之巾幗家能以
淑人爲法則足以致一家之位育而不愚夫生才
之不逮古昔也是編之行豈非吾東方之一大倖
歟於乎休哉丁丑春分節永嘉權斗植謹識

此胎教新記吾高王妣淑人完山李氏師朱堂之
所著書也其迹重奇異而可嘉惠寶鑑類於此書
者幾希於古今諸書也自古立言垂軌以男子言
之非人人所能也而況於婦人乎聖王之經義傳
首蓋其生后成人之戒也而此書宗旨乃在於生

民厥初之受也彼璇璣織錦之詞玉樓少年之篇
才則才矣過於哀傷欠於貞靜之德矣而此篇則
詞章之反覆排列簡重正肅可以補戴記之久闕
也自任姒之後僅僅此胎教之法者千古無幾而盖
是淑人踐履之實記也嗚呼淑人一生所著不爲
不多而於易簀之日命之曰女書不緊於世也皆
可燬之獨此一書則當傳之子家使兒女輩鑑考
焉所以此書之猶存於今日者也噫淑人之謦咳
永秘一書僅存而凡我孱孫輩零替無狀使此書
終未免世遠湮沒之歎故不肖昕夕痛恨幾殫噘

力而付之剞劂附以寒誌一篇用作家傳之懿訓
云爾歲丙子至月念五日不肖玄孫迺永拜手謹
識

胎教新記跋 十二

胎태教교新신記긔諺언解해 (胎며教교난 배안에셔 가라쳐아ᄒᆞᆷ)

女녀範범(明명節절婦부劉류氏시의 지은 글)에 갈아대 녯어진
녀편내 아기잇음에 胎태教교할 줄을 반다시
삼갓다 하니 이제 모든 글에 상고하매 그 法법
을 傳젼한대 엽스나 제 뜻으로 求구하여도 대
권或혹 可가히 얻때라 내 일즉 두서 너 娠신育
육(아기 배여 낫한 말)에 시험한 바로 긔록하여 한 編편
을 만다러써 모단 딸을 뵈나니 敢감히 천자로
이스사로 著저述술(글 짓난 말이라)하여 사람의 눈에
자랑홈이 아니나 그러나 오히려 可가히 內내

胎教新記諺解 一

則측(禮례記긔 빗글 얻홈의 빠) 지옴을 갓촐 디라 그럼으
로 얻홈하여 갈아대 胎태教교新신記긔라 하
노라

人인生생之지性셩은 本본於어天텬하고 氣긔質질
은 成셩於어父부母모하나니 氣긔質질이 偏편勝승
(이면) 馴순至지乎우蔽폐性셩이니 父부母모ㅣ 生생育
육에 其기不불謹근諸저아

人인生생의 셩품은 하날에 근본하고 氣긔質질
(지ᄀᆞᆯ생 감이라)은 父부母모에게 이랏나니 氣긔質질이
편벽되이 이긔면 졈졈 셩품을 가리아 매니 란난

디라父부母모ㅣ나흐며기람에그삼가지아니
라

父부ㅣ生생之지와母모ㅣ育육之지와師사ㅣ教
교之지ㅣ一일也야ㅣ라善션醫의者자ㄴ治치於어
未미病병하고善션敎교者자ㄴ敎교於어未미生생
하나니故고로師사敎교十십年년이未미若약母모
十십月월之지育육이오母모育육十십月월이未미
若약父부一일日일之지生생이시니라
아비ㅣ나흠과어미ㅣ기람과스승이가라팀이
한가지라의술을잘하난者자난病병드디아나

다사리고가라티기잘하난者자난나지아냐가
라티난故고로스승의열해가라팀이어믜열달
기람배여열달이라만갓디못하고어믜열달기람이아
비하라나흠내배던날이라만갓디못하니라

夫부告고諸저父부母모하고聽텽諸저媒매氏시하고
命명諸저使사者자하야六륙禮례備비而이後후에
爲위夫부婦부ㅣ어든日일以이恭공敬경相상接접
하고無무或혹以이褻설狎압相상加가하야屋옥宇우
之지下하와牀상席석之지上상에猶유有유未미
出출口구之지言언焉언하여非비內내寢침이어든不
불敢감入입處처하고身신有유疾질病병이어든不불
敢감入입寢침하고陰음陽양이不불調됴ㅎ고天텬氣
긔失실常상이어든不불敢감宴연息식하야使사虛허
慾욕으로不불萌맹于우心심하며邪샤氣긔로不불設
설于우體톄하야以이生생其기子자者자ㄴ父부之
지道도也야ㅣ니詩시의曰왈相상在재爾이室실혼대
尙샹不불愧괴于우屋옥漏누ㅣ니無무曰왈不불顯
현하라莫막予여云운覯구ㅣ라하니神신之지格격思사
ㅣ不불可가度탁思사ㅣ라하니라

무릇父부母모ㅣ에게告고하고중매에게맛디고

使사者자혼례의말통하난사람에게命명하야여삿禮례
납채와문명과납길과납징과청긔와친영이라가잔後후에夫부婦부
ㅣ되거든날노恭공敬경으로써서로대접하고
或혹상되며너설함으로셔셔로더으디못하야
집웅아래와평상우혀셔적을이만잇을이란말오히려
입에내디못할말이잇으며안방이아니어든드
러잇디아니하고몸에病병이잇거든드러자디
아니하고몸에삼과뵈거상과복이란말잇거든드러자
디아니하고陰음陽양이고로디아니코하날긔
운이예사롭디아니커든편히쉬디아니하야하

여곰헷욕심이아암에나디아니하고샤긔엣긔
운이곰에붓디아니케하야써그자식을낫난者
쟈난아비의도리니詩시녯노래랄공자께셔빼시니라에갈아
대네방의잇음을보아도오히려집구석이붓그
럽디아닐때니갈이대나타나디아나날보나니
엽다말나귀신의숨을가히혜아리디못한다가만
한중도귀신이삼일안말이라하니라
受슈夫부之지姓셩하야以이還환之지夫부호대十십
月월을不불敢감有유其기身신하야非비禮례勿물
視시하며非비禮례勿물聽텽하며非비禮례勿물言언

하며非비禮례勿물動동하며非비禮례勿물思사하야使
사心심知지百백體톄로皆개由유順슌正정하야以
이育육其기子자者자난母모之지道도也야니女
녀傳젼에曰왈婦부人인이姙임子자에寢침不불
側측하며坐좌不불偏편하며立입不불蹕피하며不불食
식邪샤味미하며割할不불正정不불食식하며席셕不
불正정不불坐좌하며目목不불視시邪샤色색하며耳
이不불聽텽淫음聲셩하며夜야則즉令령瞽고로誦
송詩시道도正정事사하니如여此차則즉生생子자
에形형容용이端단正정하고才재ㅣ過과人인矣의

라하니라
디아븨姓셩자식을나람이라을바다써디아븨게도라
보널새열달을敢감히그몸을임의로못하여禮
례아니어든보디말며禮례아니어든듯디말며
禮례아니어든니라디말며禮례아니어든움작
이지말며禮례아니어든생각디말아하여곰마
암과지각과백가지몸으로다順슌하고바라게
하야써그자식을기라난者자난어미의도리니
女녀傳젼漢한劉류向향의지은列렬女녀傳젼이라에갈아대婦부
人인이자시배매잠자기를기우로아니하며안

끼랄한편으로아니하며서기랄치드대디아니
하며샤긔로온맛알먹디아니하며버힌것이바라
디아니커든먹디아니하며돗치바라디아니커든
안때아니하며눈에샤긔로온빗흘보디아니하며긔
에음난한소래랄듯디아니하며밤이면쇼경으로
하여곰詩시공자빼신녯노래라를외오며바란일을니라
너어렷탓하면자식을나흐매얼골이端단正정
하고재죄남에게디나다하니라
子자長쟝羈긔丱관에擇택就취賢현師사ㅣ어든師
사教교以이身신하고不불教교以이口구하야使사之

지觀관感감而이化화者쟈ㅣ師사之지道도也야ㅣ
니ㅣ學학記긔에曰왈善션教교者쟈난使사人인繼
계其기志지니라하니라
자식이자라가래상도하매어진스승을갈히여
나아가거든스승이몸으로써가라티고입으로
써가라티디아니하야하여곰보아감동하야化
화케하난者쟈난스승의도리니學학記긔禮례記긔
의글월이라홈에갈아대잘가라티난者쟈난사람으로
하여곰그뜻을닛게한다하니라
是시故고로氣긔血혈이凝응滯체하야知지覺각이

胎教新記諺解 六

不불粹슈난父부之지過과也야ㅣ오形형質질이寢
침陋누하야才재能능이ㅣ不불給급은母모之지過과
也야ㅣ니夫부然연後후에責책之지師사하나니師사
之지不불教교ㅣ非비師사之지過과也야ㅣ니라
이런故고로긔운과피가매치여知지覺각이맑
디못함은아뷔허물이오형상생김이더러워재
죄넉넉디못함은어믜허물이니그런後후에스
승에게책망하나니스승의가라티디못함이스
승의허물이아니니라
右우난第뎨一일章쟝

夫부木목胎태乎호秋츄라ㅣ雖슈蕃번廡무ㅣ나猶유
有유挺뎡直직之지性셩이오金금胎태乎호春츈이라
雖슈勍경利리나猶유有유流류合합之지性셩이니
胎태也야者쟈난性셩之지本본也야ㅣ니一일成셩
其기形형而이教교之지者쟈난末말也야ㅣ니라
무릇남기가을에胎태하난디라 비
록덧거츠러도오히려곳게빼곳난셩품이잇고
쇠가봄에胎태하난디라비록굿세고날카나오
히려좃녀엉긔난셩품이잇으니胎태난셩품의
근본이라그형상을한번널운대가라티난者쟈

胎教新記諺解 七

난말재니라
胎태於어南남方방에其기口구ㅣ闊활하니南남
方방之지人인은寬관而이好호仁인하며胎태於어
北북方방에其기鼻비ㅣ魁괴하니北북方방之지
人인은倔굴強강而이好호義의라氣긔質질之지
德덕也야ㅣ感감而이得득乎호十십月월之지養
양이라故고로君군子자ㅣ必필慎신之지為위胎태
라니
南남方방에서배면그입이너르나니南남方방
사람은너그러워어딘을조하하고北북方방에

서배연고로이놉호나니北북方방사람은굿셰
여의리랄조하하순지라氣긔質질의德덕이나
셜달기라난대감동하야어든故고로君군子자ㅣ삼
ㅣ만다시샹감을胎태에하나니라
右우난第뎨二이章장
古고者자聖셩王왕이有유胎태敎교之지法법하야
懷회之지三삼月월에出츌居거別별宮궁하야目목
不불邪사視시하며耳이不불妄망聽텽하며音음聲셩
滋자味미를以이禮례節졀之지하니非비愛애也
야ㅣ라欲욕其기敎교之지豫예也야ㅣ라生생子자而

이不불肖초其기祖조ᄒᆞ면比비之지不불孝효ㅣ라故
고로君군子자ㅣ欲욕其기敎교之지豫예也야ㅣ니
詩시에曰왈孝효子자不불匱궤하야永영錫셕爾이類
ㅣ라하니라
녯聖성王왕이胎태敎교의法법이잇으샤아기배연
지세달이면別별宮궁에나가잇어눈에빗
기보디아니하며귀에망녕되이듯지아니며풍류소래
와맛난음식을禮례로써존절하니사랑홈이아니라
ᄒᆞᆫ아니라가라치기를미리코자함이
라자식나하고할아비랄닮디못하면不불孝효

와갓다하난故고로君군子자ㅣ가라침을미리
코져하나니詩시에갈아대孝효子자ㅣ모자라
디아니하기리네類류랄주신다 孝효子자의아달이또孝효子자ㅣ
난만날하나니라 이라
姙임者자난必필食식梔괴味미하야以이
悅열口구하고必필處쳐涼량室실하야以이泰태體톄
하며閑한居거無무樂락이어든使사人인諧해語어而
이笑소之지하며始시則즉誑광家가人인하고終종則
즉久구臥와恒항眠면하나니誑광家가人인不불
得득盡진其기養양이오久구臥와恒항眠면이새일榮영

衛위가停뎡息식하니其기攝셥之지也야ㅣ悖패코待
대之지也야ㅣ慢만하며惟유其기然연故고로滋자其기
病병而이難난其기產산하며不불肖초其기子자而
이墜추其기家가한然연後후에歸귀怨원於어命
명也야ㅣ니라
이제의아기배나니난반다시괴이한맛안먹어
셔입을깃그고반다시서늘한데잇서셔몸을편
케하며한가히잇어심심하면사람으로하여곰
너여기하야우스며비로솜엔집안을속이고 기아
밤을괴와 임이라 마참엔오래눕고샹해잠자니집안을속

이매그기라난도리랄다못하고오래숩고샹해
잠자매榮영衛위사람의몸에도난혈긔라머추나니그조셥
하기랄그릇하고남이대접하기랄게열이하난
디라오직그런故고로그病병을더으고그해산
을어렵게하며그자식늘갓디아냐디게하고그
家가門문을떠러틴그린後후에팔자의원망을
奚호하나니라
夫부獸슈之지孕잉也야에必필遠원其기牡모하고
鳥됴之지伏부也야에必필節절其기食식하고果과
蓏라ㅣ化화子자에尚샹有유類류我아之지聲셩

하나니是시故고로禽금獸슈之지生생이皆개能능
肖초母모호대人인之지不불肖초ㅣ或혹不불如여
禽금獸슈ㅣ니然연後후에聖셩人인이有유怛달然
연之지心심하샤作작爲위胎태教교之지法법也야
ㅣ시니라
무릇즘생이삿기배매반다시그숫것을멀이하
고새ㅣ알을안으매만다시그먹기랄존절하고
나나리삿기랄맨들매오히려날닮으란소래잇
나니이런故고로새즘생의생김이다능히어미
랄닮으되사람의갓디아니니난或혹새즘생만

도못한그린後후에聖셩人인이불샹히녀기신
마암이잇으야胎태教교의法법을맨드시니라
右우난第뎨三삼章장
養양胎태者자ㅣ非비惟유自자身신而이已이也
야ㅣ라一일家가之지人인이恒항洞동洞동焉언하야
不불敢감以이忿분事사聞문하나니恐공其기怒노
也야ㅣ오不불敢감以이凶흉事사聞문하나니恐공其
기懼구也야ㅣ오不불敢감以이難난事사聞문하나니
恐공其기憂우也야ㅣ오不불敢감以이急급事사聞
문하나니恐공其기驚경也야ㅣ라怒노ㅣ令령子자病

병血혈하고懼구ㅣ令령子자病병神신하고憂우ㅣ令
령子자病병氣긔하고驚경ㅣ令령子자癲뎐癇간하나
니라
胎태랄기라난者자ㅣ몸스사로할뿐이아니라
왼집안사람이샹해洞동洞동조심하난거동하야敢감
히忿분한일로써들이지못하나니그션내일가
저흠이오敢감히凶흉한일노써들이디못하나
니그두렬가저흠이오敢감히난처한일로써들
니디못하나니그근심할가저흠이오敢감히急
급한일로써들이디못하나니그놀낼가저흠이

라션내이면자식으로하여곰피가病병들고두
리면자식으로하여곰졍신이病병들고곤심하
면자식으로하여곰긔운이병들고놉내면자식
으로하여곰간질바람병하나니라
與여友우久구處처ㅣ라도 猶유學학其기爲위人인
커든 况황子자之지於어母모에 七칠情졍이 肖쵸焉
언이라 故고로 待대妊임婦부之지道도난 不불可가
使사喜희怒노哀애樂락으로 或혹過과其기節졀이니
是시以이로 妊임婦부之지旁방에 常샹有유善션
人인이 輔보其기起긔居거하고 怡이其기心심志지

胎敎新記諺解 十二

하며 使사可가師사之지言언과 可가法법之지事사
로 不불閒간于우耳이한然연後후에야 惰타慢만邪
샤僻벽之지心심이 無무自자生생焉언하나니라
벗으로더부러오래잇어도오히려그爲위人인
마암가딤이라을배호거든하믈며지식이어믜게난七
칠情졍깃금과셩범과설흠과두림과사랑함과뮈옴과욕심패일온七칠情졍이라을
닮난故고로妊임婦부아기벤지어미대졉하난도리난
하여곰깃금과셩냄과셜옴과즐김이或혹그마
듸에디나게못할띠니이럼으로妊임婦부의것
헤샹해착한사람이잇어그거둥을돕고그아암

을깃그며하여곰본바들말과法법밧을벌로긔
에꾸디아닌고린後후에아게으르며샤긔로온
마암이부터날때업나니라妊임婦부대졉함이
라
妊임娠신三삼月월에 形형象샹이 始시化화하야 如
여犀셔角각紋문아 見견物물而이變변이니 必필使
사見견貴귀人인 好호人인과 白백璧벽孔공雀작
華화美미之지物물과 聖셩賢현訓훈戒계之지書
셔와 神신仙션冠관珮패之지畫화뫼 不불可가見
견倡챵優우侏주儒유猿원猴후之지類류와 戲희

胎敎新記諺解 十三

謔학爭쟁鬪투之지狀상과 刑형罰벌曳예縛박殺
살害해之지事사와 殘잔形형惡악疾질之지人인
과 虹홍霓예震진電뎐과 日일月월薄박蝕식과 星
셩隕운彗혜孛발과 水수漲창火화焚분과 木목折
졀屋옥崩붕과 禽금獸슈淫음泆일病병傷샹과 及
급汚오穢예可가惡오之지蟲츙이니 妊임婦부目
목見견이라
아기배연디세달에形형象상이비로소되야犀
셔角각들쇠뿔이니띄하난것읫문의의보난것대로變변
함갓하니반다시하여곰貴귀人인벼살놉한사람이며

好호人인모양엄젼한사람이며흰壁벽옥일어라홍이며孔
공雀쟉어상이빗고운새이며빗나고아람다운것과聖
셩賢현의가라티고경계하신글과神신仙션이
며관대하고괘복한그림을볼것이고광대며난
쟝이며원숭의類류와희롱하며다토난형상과
刑형罰벌이며두루며동히며죽이며害해롭게
하난일과병신이며못쓸병잇난사람과무디개
와별악과번개와日일月월蝕식과별이떠러디
며彗혜셩孛발셩과彗혜셩孛발셩은다재앙의별물이넘티며
불이못흠과남기부러디며집이문허딤과새즘

생의음난하며病병들고傷샹한것과및더럽고
아쳐로온버레랄보디못할디니라姙임婦부의
눈으로봄이라

人인心심之지動동이聞문聲셩而이感감하나니姙
임婦부ㅣ不불可가聞문淫음樂악淫음唱챵과市
시井정喧훤譁화와婦부人인誶쉬罵마와及급凡
범醉취酗후忿분辱욕傢에哭곡之지聲셩이오勿물
使사婢비僕복으로入입傳젼遠원外외無무理리之
지語어ㅣ하고惟유宜의有유人인이誦송詩시說셜書
셔ㅣ어나不부則즉彈탄琴금瑟슬이니姙임婦부耳

이聞문하며

사람의마암움작임이소래를드르면감동하나
니姙임婦부ㅣ굿풍류며잡노래와저재숫두어
림과녀편네잔걱정과및대견술쥬졍이며忿분
한辱욕질이며셜운우람소래랄듯디못할것이
오종들로하여곰드러와먼밧긔딱업술말을젼
티못하게하고오직맛당이사람이잇셔귀글을
외오고녜책을말하거나아닌則즉거문고나瑟
슬거문고갓고스믈다섯줄이라이나탈디니라姙임婦부의귀
로드름이라

延연醫의服복藥약이足족以이止지病병이로되不
불足족以이美미子자貌모ㅣ오汎신室실靜졍處처
ㅣ足족以이安안胎태ㅣ로되不불足족以이良량子자
材재ㅣ니子자由유血혈成셩而이血혈因인心심動
동새일其기心심이不불正졍이면子자之지成셩이亦
역不불正졍하니姙임婦부之지道도난敬경以이
存존心심하야毋무或혹有유害해人인殺살物물之
지意의하며奸간詐사貪탐竊졀妒투毁훼之지念념
을不불使사蘖얼芽아於어胸흉中중인然연後후
에아口구無무妄망言언이며面면無무歉겸色색이니若

약斯사須슈忘망敬경이면已이失실之지血혈矣의
니라妊임婦부存존心심이라
의원을마자藥약먹음이病병을足족히써고치
되자식의모양을足족히써아람답게못하며지
믈쓰셜고고요히잇음이胎태랄足족히써평안
케호대자식의재목을足족히써어딜게못하나
니자식이피로말미암아널우고피마암을因인
하야움작일새그마암이바라디못하면자식의
일옴이또한바라디못하나니妊임婦부의도리
난공경으로써마암을안초아或혹사람을해러

胎教新記諺解 十六

며산것을죽일뜻을두며말며奸간詐사하며貪
탐하며도적질하며새옴하며훼방할생각으로
하여곰가삼속에싹뵈디못하게한그런後후에
아입에망녕된말이업고얼굴에줄잇긴빗히업
나니만일잠깐공경을이즈면임의피가그릇되
나니라妊임婦부와마암안홈이라
妊임婦부言언語어之지道도난忿분無무厲려聲
셩하며怒노無무惡악言언하며語어無무搖요手슈하며
笑소無무見현齒신하며與여人인不불戲희言언하며
不불親친詈리婢비僕복하며不불親친叱즐雞계狗

구하며勿물誑광人인하며勿물毁훼人인하며無무耳이
語어하며言언無무根근이어든勿물傳전하며非비當당
事사ㅣ어든勿물多다言언이니라妊임婦부言언語어
라
妊임婦부의말하난도리난忿분하여도코딘소
래랄말며셩나도못쓸말을말며말할제손즛을
말며우슬제니모음을뵈디말며사람으로더부
러희롱엣말을아니하며몸소종을꾸딧디아니
하며몸소닭게랄꾸딧디아니하며사람을속이
디말며사람을훼방티말며귀엣말을말며말이

胎教新記諺解 十七

뿔희업거든난며가본명리아년말傳전티말며일을當당
티아낫거든말을만히말띠니라妊임婦부의말
함이라
居거養양不불謹근이면胎태之지保보ㅣ危위哉재
라妊임婦부ㅣ旣긔妊임에夫부婦부ㅣ不불同동
寢침하며衣의無무太태溫온하며食식無무太태飽포
하며不불多다睡슈臥와하고須슈時시時시行행步보
하며不불坐좌寒한冷랭하며不불坐좌穢예處쳐하며勿
물聞문惡악臭추하며勿물登등高고廁치하며夜야不
불出츌門문하며風풍雨우不불出츌하며不불適뎍山

산野야며하 勿물窺규井정塚총며하 勿물入입古고祠
사며하 勿물升승高고臨림溪계며하 勿물涉섭險험며하 勿물
擧거重중며하 勿물勞로力력過과傷상며하 勿물
妄망用용鍼침灸구며하 勿물妄망服복湯탕藥약이오
常상宜의淸청心심靜정處처야하 溫온和화ㅣ適뎍
中중며하 頭두身신口구目목이 端단正정若약一일
이니라 妊임婦부居거養양이라
거처와걸니임을삼가디아니면胎태의보젼기
위태한디라妊임婦부ㅣ임의아기배매夫부婦
부ㅣ한가디로자지아니며옷을너모덥게말며
먹기랄너모부르게말며잠과눕기랄간히아나
무되때때로거름거르며찬데안띠아니며더러
온대안띠아니며못쓸내를맛디말며놉흔뒷간
에오르디말며밤에문에나디아니며바람비에
나가디아니며뫼와들에가디아니며우물과고
총을엿보디말며녯사당에들디말며놉흔데오
라고깁흔데臨림하디말며險험한데지나가디
말며무거온것들디말며슈고하며힘써셔過과
히傷상도록말며鍼침과뜸을망녕되이쓰디말
며藥약을망녕되이먹디말것이오샹해맛당히

胎教新記諺解 十八

아암을맑히고고요히잇어다삽고화긔로옴이
알마초하며머리와몸과입과눈이端단正졍함
이한갈갓티할띠니라妊임婦부의거처와걸니
심이라

妊임婦부ㅣ苟구無무聽텽事사之지人인이어든 擇
택爲위其기可가者자而이已이오 不불親친蠶잠
功공며하 不불登등織즉機긔며하 縫봉事사랄 必필謹
근야하 無무使사鍼침傷상手슈며하 饌찬事사랄 必필
謹근야하 無무使사器긔墜추破파며하 水슈漿쟝寒한
冷랭을 不불親친手슈며하 勿물用용利리刀도며하 無
무刀도割할生생物물며하 割할必필方방正졍게다ㅣ
妊임婦부事사爲위라

妊임婦부ㅣ 구틔여일맛기리업것은그할만한
거랄갈해여할뿐이오몸소누에치디아니하며
뵈틀에오라디아니하며바나딜을반다시삼가
하여곰바날이손을傷상케말며반빗을반다시
삼가하여곰그랏이닷뎌께여디게말며물과국
물찬것을손에다히디아니며드난칼을쓰디말
며산것을칼로버히디말며버히기랄반다시모
바로할띠니라妊임婦부의일함이라

胎教新記諺解 十九

姙임婦부ㅣ端단坐좌하야無무側측載재하며無무倚
시壁벽하며無무箕거하며無무踞거하며無무邊변堂당
하며坐좌不불取취高고物물하며立립不불取취在재
地디하며取취左자手수하며不불以이右우手수하며取취右우
不불以이左자手수하며不불肩견顧고하며彌미月월
이어든不불洗셰頭두라ㅣ니姙임婦부坐좌動동이라
姙임婦부ㅣ단졍히안자기우로몸쓰디말며바
람벽장게디말며벗쳐안띠말며거러안띠말며
마루기삵에말며안자놉흔것나리오디말며셔
셔따희것집디말며왼편의집기랄올흔손으로

써아니며올흔편의집기랄왼손으로써아니며
엇개로도라보디아니며달차아기배여달이찬말거든
머리감디말디니라姙임婦부의안자며굼녀임
이라
姙임婦부ㅣ或혹立립或혹行행이라도無무任일一
足족하며無무倚의柱쥬하며無무履리危위하며不불由
유仄측逕경하며升승必필立립하며降강必필坐좌하며
勿물急급趨추하며勿물躍약過과라ㅣ니姙임婦부行
행立립이라
姙임婦부ㅣ或혹서며或혹단니되ᄒᆞᆫ발에힘쓰

디말며기동을의지하디말며위태한데드대디
말며기우럼길로말매암지아니며오랄제반다
시서셔하며나릴제반다시안자하며急급히닷
디말며뛰여건너디말디니라姙임婦부의다니
며셤이라
姙임婦부寢침臥와之지道도난寢침無무伏복하며
臥와毋무尸시하며身신毋무曲곡하며毋무當당隙극
하며毋무露로臥와하며大대寒한大대暑셔에毋무晝
쥬寢침하며毋무飽포食식而이寢침하고彌미月월則
즉積젹衣의支지旁방而이半반夜야左자臥와半

반夜야右우臥와하야以이爲위度도라ㅣ니姙임婦부
寢침臥와라ㅣ
姙임婦부의자며눕난도리난잘재업되이디말
며눕기랄송장ᄀᆞ티말며몸을굽히디말며문틈
을당하디말며한듸눕디말며한치위와한더위
에낫잠말며배불니먹고자디말고달차거든옷
을싸하염홀괴오고반밤은외오눕고반밤은올
히누어써법을삼을띠니라姙임婦부의자며눕
기라
姙임婦부飮음食식之지道도난果과實실이形형

不불正졍不불食식하며蟲츙蝕식不불食식하며腐부
壞괴不불食식하며瓜과蓏라生생菜채ㅣ라不불食식
하며飮음食식에寒한冷랭不불食식하며食사饐에而
이餲애와魚어餒뇌而이肉육敗패ㅣ라不불食식하며
色색惡악不불食식하며臭츄惡악不불食식하며失실
飪임不불食식하며不불時시不불食식하며肉육雖슈
多다ㅣ나不불使사勝승食사氣긔ㅣ며服복酒쥬ㅣ면散
산百백脈맥이오驢려馬마肉육無무鱗린魚어ㅣ는難
난産산하고麥맥芽아胡호蒜산은消쇼胎태하고莧현
菜채蕎교麥맥薏의苡이는墮타胎태하고薯셔蕷여

胎教新記諺解 二十二

旋션葍복桃도實실은不불宜의子자하고狗구肉육
은子자無무聲셩하고兎토肉육은子자缺결脣슌하고
螃방蟹해는子자橫횡生생하고羊양肝간은子자多
다厄액하고雞계肉육及급卵란에合합糯나米미면
子자病병白백蟲츙하고鴨압肉육及급卵란은子자
倒도生생하고雀쟉肉육은子자淫음하고薑강芽아는
子자多다指지하고鮎뎜魚어는子자疳감蝕식하고山
산羊양肉육은子자多다病병하고菌균蕈심은子자
驚경而이夭요ㅣ라ㅣ니桂계皮피乾건薑강을勿믈以
이爲위和화하며獐쟝肉육馬마刀도ㅣ라勿믈以이爲

위臛확하며牛우膝슬鬼귀箭젼을勿믈以이爲위始
여고하欲욕子자端단正졍이어든食식鯉리魚어하며欲
욕子자多다智지有유力력이어든食식牛우腎신與
여麥맥하며欲욕子자聰총明명이어든食식黑흑蟲츙
하며當당産산이어든食식蝦하與여紫자菜채ㅣ니姙
임婦부飮음食식이라
姙임婦부의飮음食식하난도리난실과가형상
이바라디아냐도먹디아니며버레먹어도먹디
아니며석어떠러뎌도먹디아니며선물과상최
랄먹디아니며飮음食식이차도먹디아니며밥

胎教新記諺解 二十三

이물킈고쉰이와생선이물고못고기셕으니랄
먹디아니며빗그른것을먹디아니며내암새그
른것을먹디아니며끌힘이그르거든먹디아니
며때아닌것을먹디아니며고기비록만흐나하
여곰밥긔운을이긔디아닐띠니라술을먹으면
일백가지혈맥이풀이이고나귀며말고기와비
늘엽슨물고기는해산이어렵고엿기룸과마날
는胎태랄삭히고비름과모밀과율무는胎태랄
떠르트리고마와메와복셩이난자식에맛당티
아니코개고기는자식이소래못하고톳기고기

는자식이에쳥이고방게는자식이가라나오고 羊양의肝간은자식이우환만코닭고기며밋쌀을찰쌀에어우루면자식이촌백츙이들고올히고기며밋얄은자식이것구루나오고참새고기는자식이음난하고새양엄은자식이륙가락이오며여기는자식이감창며고山산羊양의고기는자식이병만코버섯은자식이경풍하고쉬즉난이라桂계皮피약재일홈와乾간薑강새양마라니으로써양염하디말며노로고기와말밋죠개로써지딤하디말며쇠무릅나물일홈과회남나모숩으로써나

胎教新記諺解 二十四

물하디말고자식이端단正졍코뎌커든鯉리魚어물고기일홈를갈며으며자식이슬긔만코힘잇고뎌커든쇠공팟과보리랄먹으며자식이聰총明명코뎌커든뮈랄며오며해산불當당하거든샤요와다못마늑을먹을띠니라姙임婦부의飮음食식이라

姙임婦부ㅣ當당産산에飮음食식充츙如여也야ㅣ하며徐서徐서行행頻빈頻빈也야ㅣ하고無무接졉襍잡人인하며子자師사必필擇택이오痛통흔無무扶부身신하며偃언臥와則즉易이産산이니라姙임婦부當당産산이라

姙임婦부ㅣ해산을當당하매飮음食식을든든히하며뎐뎐이단니기랄자조하고잡사람을봇디디말며자식보아주리랄반다시갈해고밟아도몸을뷔트디말며쟛밧음히누으면해산하기쉬오니라姙임婦부에해산當당함이라

腹복子자之지母모ㅣ난血혈脈맥이牽견連연하고呼호吸흡이隨슈弁동動동하야其기所소喜희怒노ㅣ爲위子자之지性셩情졍하며其기所소視시聽텽이爲위子자之지氣긔候후하며其기所소飮음食식이爲위

胎教新記諺解 二十五

子자之지肌긔膚부니하니爲위母모者쟈ㅣ曷갈不불謹근哉재오리

자식밴어미난血혈脈맥이부터니이고숨쉼에딸아움뎌여그깃그며셩내는배자식의셩품이되며그보며듯는배자식의긔운이되며그마시며먹난배자식의살이되나니어미된이가엇디삼가디아니리오

右우난第뎨四사章장

不불知지胎태教교면不불足족以이爲위人인母모ㅣ니必필正졍心심乎호ㅣ니正졍心심이有유

術술하니謹근其기見견聞문하며謹근其기坐좌立립
하며謹근其기寢침食식호대無무褻잡焉언則즉可가
矣의니無무褻잡之지功공이裕유能능正정心심
이로대猶유在재謹근之지而이已이니라
胎태敎교랄아디못하면사람의어미足족히새
되디못하리니반다시마암을바랄뎐뎌마암바
람이견이잇으니그보며드람을삼가며그안자
며섬을삼가며그자며먹음을삼가되褻잡됨이
업으면무던할띠니褻잡됨업는功공이넉넉히
能능히마암을바라리로대오히려삼감에잇을
뿐이니라

胎敎新記諺解 二十六

寧녕憚탄十십月월之지勞로하야以이不불肖초其
기子자而이自자爲위小소人인之지母모乎호아
曷갈不불強강十십月월之지功공하야以이賢현其
기子자而이自자爲위君군子자之지母모乎호아
此차二이者자난胎태敎교之지所소由유立립也
야ㅣ니古고之지聖셩人인이亦역豈긔大대異이於
어人인者자ㅣ리오시去거取취於어斯사二이者자而
이已이矣의니시大대學학에曰왈心심誠셩求구之
지면雖슈不불中즁이나不불遠원矣의니未미有유
學학養양子자而이后후에嫁가者자也야ㅣ라하니라
엇디열달슈고랄꺼려써그자식을갓디아냐디
게하고스사로小소人인좀사람이란말의어미되랴어
이열달공부랄강잉하야써그자식을어딜게하
고스사로君군子자큰사람이란말의어미되디아니라
이두가지난胎태敎교에말매암아셔배니녯聖
셩人인이또한엇디사람에하다란者자ㅣ시리오
이두가지에서去거取취한가지버리고한가지잡단말할뿐이
시니大대學학경셔일홈에갈아대마암으로진실히
求구하면비록맛디아냐도멀든아니하니자식
기람을배혼后후에셔방맛난者자ㅣ잇디아니

胎敎新記諺解 二十七

타하니라
爲위母모而이不불養양胎태者자난未미聞문胎
래敎교也야ㅣ오聞문而이不불行행者자난畫획也
야ㅣ라天텬下하之지物물이成셩於어強강하며隳휴
於어畫획하나니豈긔有유強강而이不불成셩之지
物물也야며豈긔有유畫획而이不불隳휴之지物
물也야ㅣ리오強강之지면斯사成셩矣의니下하愚
우ㅣ無무難난事사矣의오畫획之지면斯사隳휴
矣의니上상智지ㅣ無무易이事사矣의라爲위母

모者자ㅣ可가不불務무胎태教교乎호아詩시曰
왈借차曰왈未미知지나亦역旣긔抱포子자ㅣ라하다
어미되고胎태랄기라디아닛나니난胎태教교
랄듯디몯함이오듯고行행티아닛나니난말녀
함이라天텬下하읫것이강잉함에이루고말녀
함에그릇되나니엇디강잉코몯이루난것이잇
으며엇디말며하고아니ᄒᆞ고릇되난것이잇으리
오강잉하면이루나니말자미련도어련눈일이
엽고말녀하면그릇되나니웃듬슬긔도쉬운일
이엽난디라어미되니가胎태教교랄힘쓰디아

니라詩시에갈아대아디몯한다하려한들임의
자식을안앗다하니라
右우난第뎨五오章장
養양胎태不불謹근이면豈긔惟유子자之지不불才
재哉재오리其기形형也야不불全젼하며疾질也야孔
공多다하고又우從죵而이墮타胎태難난産산하며雖
유生생而이短단折졀하나니誠셩由유於어胎태之
지失실養양이라其기敢감曰왈我아不불知지也야
ㅣ리오書셔曰왈天텬作작孼얼은猶유可가違위어니
와自자作작孼얼은不불可가逭환이라하니라

胎태기람을삼가디아님이잇지자식의재조엽
슬뿐이리오그형상이온젼티몯하며병이심히
만코또조차胎태도떠러디며해산도어려우며
비록나하도쉬죽나니진실로胎태기람을그릇
함에말매암은디라그감히갈아대내몰나라하
랴書셔(셔경글을공자ㅣ빠시니라)에갈아대하날이지은재
앙은오히려可가히피하려니와스사로지은재
앙은可가히드망티몯한다하니라
右우난第뎨六륙章장

今금之지妊임子자之지家가ㅣ致치瞽고人인巫
무女녀하야符부呪주祈긔禳양하고又우作작佛불事
사하야捨사施시僧승尼니하나나殊슈不불知지邪사
僻벽之지念념이作작而이逆역氣긔應응之지하고
逆역氣긔成셩象상에而이罔망攸유吉길也야ㅣ니
라
이제ᄋᆞ이가신비진에셔쇼경과무당을불너부작
이며진언이며빌며푸리하고또부텨에게일하
야듕과승년을시조하나니사긔엣생각이나면
거슨긔운이응하고거슨긔운이형상을일움에
길한배업난줄을(사람의마암이슌치아니ᄒᆞ면)알도그대로잘되디아니한

단일이라자못아디못하나니라
性셩妒투之지人인은忌긔衆즁妾쳡有유子자하고
或혹一일室실兩량娠임婦부ㅣ면姒사娣뎨之지間
간도에亦역未미相샹容용하나니持지心심如여此차하
외ㅣ豈긔有유生생子자而이才재且차壽슈者쟈ㅣ리
오吾오心심之지天텬也야ㅣ라心심善션而이天텬
命명善션하고天텬命명善션而이及급子자孫손子
자ㅣ하나니詩시曰왈豈개弟뎨君군子자ㅣ여求구福복
不불回회라하니라

셩품이새음바란사람은여르妾쳡의자식잇음
을꺼리고或혹한칸의두娠임婦부ㅣ면姒사娣
뎨너편네맛동서랄姒사라하고아래동서랄娣뎨라하나니라사이에또한서
로용납디못하나니마암가딤이이렇코엇디자
식나하재조잇고또오래살者자ㅣ잇으리오내
마암이하날이라마암이착하면하날주심도착
하고하날주심이착하면손자자식에게밋나니
詩시에갈아대豈개弟뎨순편한모양한君군子자ㅣ
여福복을求구함에샤회랄아니하다하니라
右우난第뎨七칠章장
醫의人인이有유言언曰왈母모得득寒한兒아俱
子寒한하며母모得득熱열兒아俱구熱열이라하니知지
此차理리也야ㅣ면子자之지在재母모난猶유瓜과
之지在재蔓만이라潤윤燥조生생熟슉이乃내其기
根근之지灌관이라若약不불灌관也야ㅣ니吾오未미見
견母모身신不불攝셥而이胎태能능養양하며胎태
不불得득養양而이子자能능才재且차壽슈者자
也야ㅣ라
의원사람이말이잇어갈아대어미찬병을엇으
면아해도차디고어미더훈병을엇으면아해도
더흡다하엿으니이런묘리랄알면자식이어미

에게잇음은외너출에잇음갓한디라부르며말
으며설며익음이이에그뿔회의물젓음과다못
물젓디못함이니어믜몸이됴셥못하고도胎태
能능히걸너이며胎태걸너임을엇디못하고도
자식이能능히재조잇고또오래산者자랄내보
디못하게라
𧼈산子자面면貌모必필同동은良양由유胎태之
지養양이同동也야ㅣ오一일邦방之지人인의習습
尙샹相샹近근은養양胎태之지食식物물이爲위
敎교也야ㅣ오一일代대之지人인의稟품格격相샹

近근는 養양胎태之지見견聞문이 爲위教교也야ㅣ
니 此차三삼者자난 胎태教교之지所소由유見현
也야ㅣ라 君군子자ㅣ 旣긔見견胎태教교之지如여
是시其기皦교ㅣ오 而이猶유不불行행焉언하니 吾오
오 未미之지知지也야ㅣ로라
쌍생의 열 폴이 반다시 갓함은 진실로 胎태의 길
너ᄆᆞᆷ이 갓함에 말매암음이오 한 나라 사람의 버
릇과 숭상함이 서로 갓가옴은 胎태기랄 제 먹은
것이 식이ᄆᆞᆷ이오 한 님군 때 사람의 긔품과 골격
이 서로 갓가옴은 胎태기랄 제 보고 드람이

임이니 이 세 가지난 胎태教교의 말매암아 뵈인
배라 君군子자ㅣ 임의 胎태教교의 이럿틋 밝음
을 보고도 오히려 行행티 아넛나니 내 아디 못하
노라

右우난 第뎨八팔章장

胎태之지不불教교난 其기惟유周쥬之지末말에
廢폐也야ㅣ라 昔셕者자에 胎태教교之지道도랄 書
셔之지玉옥版판하야 藏장之지金금櫃궤하야 置치之
지宗종廟묘하야 以이爲위後후世셰戒계라 故고로
大태任임이 娠신文문王왕하사 目목不불視시邪사
色색하시며 耳이不불聽텽淫음聲셩하시며 口구不불
出츌敖오言언이러시니 生생文문王왕而이明명聖셩
하시늘 大태任임이 教교之지하사대 以이一일而이識
식百백이러시니 卒졸爲위周쥬宗종하시고 邑읍姜강이
姙임成셩王왕於어身신하사 立립而이不불跛파하시
며 坐좌而이不불蹉차하시며 獨독處쳐而이不불踞
거하시며 雖슈怒노而이不불詈리하시더니 胎태教교之
지謂위也야ㅣ러라
胎태의 가라티디 아님은 그 오직 周쥬나라 끗헤
바림이라 녯적에 胎태教교의 도리랄 玉옥널쪽

에 써서 金금櫃궤에 너허 宗종廟묘나라사당에 두어
써 훗사람의 경계랄 삼은 故고로 大태任임쥬나라시
조 문왕의 어마님 셩이 任임氏시 이 文문王왕을 배샤 눈에 샤거
로온 빗흘 보지 아니시며 귀에 음난한 소래랄 듯
디 아니시며 입에 오만한 말을 내디 아니더시니
文문王왕을 나하매 밝고 聖셩하 聖셩은 모라난 일이 업슴이라
샤 大태任임이 가라터샤대 하나흐로 써 일백
을 아더시니 마참내 周쥬나라 웃듬 님군이 되시
고 邑읍姜강 문왕의 안해오 셩왕의 어마님 셩이 姜강氏시 이 成셩王왕
을 몸에 배샤 셔기랄 치드대디 아니시며 안끼랄

기우로아니시며혼자잇믈제거러안디에니시
며비록셩나도꾸디럼믈아니더시니胎대教교
의일홈이러라

右우난第뎨九구章장

胎태教교에曰왈綦소成셩는爲위子자孫손대호婚
혼妻쳐嫁가女녀에必필擇택孝효悌뎨와世셰世
셰有유行행義의者쟈ㅣ하니라君군子자之지教교ㅣ
莫막先션於어綦소成셩이어늘而이其기責책이乃
내在재於어婦부人인이라故고로賢현者쟈란擇택
之지대호不불肖쵸者쟈란教교之지난所소以이爲

위子자孫손慮려也야ㅣ니苟구不불達달聖셩人인
道도者쟈ㅣ면其기孰슉能능與여之지오리
胎태教교漢한賈가誼의지은新신書셔옛글일홈이라에갈아대본대
일훔이또한태교랄이람이라는子자孫손을爲위하오대안
해혼인과딸셔방맛티매반다시효도롭고공슌
하니와대대로올흔일行행하니잇난者쟈랄갈
희다하니君군子자의가라침이본대일훔에압
섬이엽거날그책망이이에녀편내게잇난故고
로어딘者쟈랄갈해되갓디아닌者쟈랄가라침
은셔子자孫손을위하여념려하난배니진실로

聖셩人인의도리랄사못디아니한者쟈ㅣ면그
뉘能능히참예하리오

右우난第뎨十십章장

胎태教교新신記긔諺언解해

朝鮮總督府指令第四三九號

昭和拾貳年參月六日 許可

昭和拾參年壹月十日 印刷

昭和拾參年壹月二十日 發行

慶尙北道醴泉郡醴泉邑栢田洞貳壹番地

著作兼發行者 柳近永

慶尙北道醴泉郡龍門面渚谷洞四五九番地

印刷者 權晗燮

仝所 仝番地

印刷所 以會堂

慶尙北道醴泉郡醴泉邑路下洞七參番地ノ二

發行所 蔡漢祚方

태교신기 주제 서예작품

胎敎新記大全

태교신기대전

胎敎新記大全

2018년 7월 28일 초판1쇄 발행
2018년 9월 10일 초판2쇄 발행

저　자 | 이사주당
언　해 | 유　희
필　사 | 이순금
발행인 | 김영환
발행처 | 도서출판 다운샘

05661 서울특별시 송파구 중대로27길 1(오금동)
전화 02-449-9172　팩스 02-431-4151
E-mail : dusbook@naver.com
등록 제1993-000028호

ISBN 978-89-5817-434-9 03470

값 32,000원

胎敎新記大全

태교신기대전

李師朱堂 著
柳僖 諺解
李順今 筆寫

〈필사 및 역자 약력〉

이 순 금 李順今

- 1967년 전북 고창産
- 담산 澹山, 수아재 修我齋
- E-mail : ldamsan@hanmail.net

▷ 사)한국서예협회 홍보분과위원장
▷ 사)한국서예협회 용인시지부장
▷ 사)한국서예협회 경기도지회 부지회장
▷ 한국예술문화 서예명인(한국예총)
▷ 경기여성서우회 이사
▷ 수원시서예문인화대전 초대작가
▷ 대한민국서예대전 초대작가 및 심사위원
▷ 대한민국현대서예문인화대전 초대작가 및 심사위원
▷ 서예대전(월간서예) 5체장 및 초대작가 및 심사위원
▷ 대한민국중부서예대전 초대작가
▷ 경기도서예대전 초대작가
▷ 전라북도서예대전 초대작가
▷ 정읍사서예대전 초대작가
▷ 마도초교 서예협력교사(2014~)
▷ 남양초교 서예강사(2017~)
▷ 발안초등학교 서예강사(2018~)
▷ 수원 우만2동주민센타 서예 · 사군자 강사(2013~)
▷ 동백동주민센터 서예 · 사군자 강사(2016~)
▷ 마북동주민센터 서예강사(2016~)
▷ 버드네노인복지회관 서예 캘리그라피반 강사(2016~)
▷ 담산 서예 · 한자 · 문인화 연구원장(1997~)
▷ 서예명인 이순금아카데미 원장(2016~)
▷ 강암연묵회 회원

- 서예대전(월간서예) 명필 오체장 5체 특선
- '98 한국서예청년작가전(예술의전당)
- 대한민국캘리그래피대전 심사위원(2014)
- 용인시청 천년석 휘호

추천사

담산 『태교신기대전 필사』의 심미세계

-사주당 태교신기의 예교정신과 담산 서예정신의 합일적 심미세계-

宋 河 璟

(성균관대학교 유학대 명예교수·서예가)

사주당(師朱堂) 이씨가 짓고 서예가 담산(澹山) 이순금(李順今) 여사가 필사한 태교신기대전(胎教新記大全)이 용인시의 후원으로 새롭게 출간된다. 전통문화의 21세기 한국적 문화미실(文化迷失) 시대 속에서 오랜만에 맞이하는 경사가 아닐 수 없다.

담산 필사본의 범본(範本)은 국립중앙도서관 소장의 태교신기대전이다. 서기 1938년 1월 발행으로, 저작 겸 발행자는 경북 예천읍의 유근영이요, 인쇄인은 경북 예천군 용문면 소재 이화당의 권영섭이요, 발행소는 경북 예천군 예천읍의 채한조방(蔡漢祚方)이다. 태교신기대전의 전체 목록은 서기 1821년(순조21) 석천(石泉) 신작(申綽)이 쓴 태교신기서(胎教新記序)와 서기 1936년 위당(爲堂) 정인보(鄭寅普)가 쓴 태교신기음의서략(胎教新記音義序略)을 머리글로 하여, 태교신기장구대전, 태교신기부록(사주당이씨묘지명), 발, 태교신기장구언해로 구성되어 있다.

우리나라 조선시대의 전통적 태교는 회임한 아내(어머니)에게 끊임없는 수양과 타의적 절제 중심의 예교(禮教)를 요구하여 왔다. 그러나 사주당의 태교신기대전은 남편(아버지)을 비롯한 온 가족 모두가 자발적인 바른 심신활동으로 태교에 함께 참여할 것을 간곡히 요구하고 있다. 진일보된 태교관이요 특징이 아닐 수 없다.

태교신기대전에는 갖가지 다양한 태교의 내용이 구체적으로 전개되고 있지만 필경 예(禮) 하나로 일관·집약된다. 사주당은 태교의 책임이 전적으로 여성인 어머니(아내)에게 있음을 전재하면서 다음과 같이 말한다.

"남편과의 합방으로 성(姓)씨를 받아 자식을 낳을 때까지 임신 10개월 동안 임신부는 그 심신을 감히 함부로 지녀서는 안 된다. 예가 아닌 것은 보지를 말고, 예가 아닌 것은 듣지를 말며, 예가 아닌 것은 말하지를 말고, 예가 아닌 것은 행동하지를 말며, 예가 아닌 것은 생각하지도 말아야 한다. 이렇게 해서 임신부가 수많은 체험을 통해 마음으로 알고 모든 것이 순정(順正)의 길을 따르도록 자식을 교육하는 것이 어머니의 길이다."

비례(非禮)를 절제 · 검속하고 예교를 실시하여 자식들의 삶이 순정의 길을 따르도록 하는 것이 태교의 목적이요 어머니의 몫이라는 것이다.

유교에서는 사람 마음의 선천적인 본래속성을 인(仁), 즉 사랑의 원천(源泉)이라 말한다. 그러나 인은 예의 실천을 통해서만 그 실현이 가능하다고 한다. 예는 우주 생명세계의 절도 있는 활동형식이기에, 절도 있는 예의 실천을 통해 사람의 사욕(私慾)이 검속 · 절제될 때 인이 실현된다는 것이다. 이에 공자(孔子)는 말한다.

"개인의 사사로운 욕망을 억제하고 예의 참모습으로 되돌아 갈 때 인이 실현된다. (중략) 예가 아닌 것은 보지를 말고, 예가 아닌 것은 듣지를 말고, 예가 아닌 것은 말하지를 말고, 예가 아닌 것은 행하지 말 것이다.〔克己復禮爲仁. (中略) 非禮勿視, 非禮勿聽, 非禮勿言, 非禮勿動."〕『論語』「顔淵」

예의 실천을 통해 사람의 온전한 본디마음인 인을 실현하라 함이다.

예는 단순한 절제형식행위가 아니다. 예의 본질이 수반될 때 예인 것이다. 예의 본질은 인(仁)이요, 성(誠)이요, 경(敬)이요, 진실무망(眞實無妄)이다. 한 마디로 자기진실(自己眞實)이다. 예가 사욕의 절제수단이요, 인을 성취하는 방법이요. 인에 이르는 통로요, 수신의 요체요, 태교의 실질적 방법인 까닭은 자아의 내적 자기진실이 예의 본질이기 때문이다.

필자는 태교신기대전의 필사에서 사경(寫經)의 마음, 사경의 정신을 읽는다. 담산의 태교신기대전 필사의 마음 경계가 성직자가 사경하는 마음 경계와 같은 차원이기 때문이다. 마음의 경건·신독·계신공구(戒愼恐懼)가 읽힌다. 그렇다고 그 범본의 글씨를 닮아내듯 임서한 것이 아니다. 태교신기대전의 내용을 담산의 마음으로 읽고, 사주당의 마음과 하나된 담산의 본디마음이 태교신기대전의 필사를 통해 담담하게 체현되고 있다.

필자는 담산의 태교신기대전 필사에서 그의 충서정신(忠恕精神)을 읽는다. 예의 실천이 사람 마음의 본디속성인 인을 실현하는 활동이라고 할 때, 충서활동 역시 인을 실현하는 일종의 통로이다. 여기서 말하는 충은 곧 담산의 진심이자 진정성이요, 서는 곧 담산의 진심·진정성이 사주당의 태교정신과 하나되어 필사된 담산의 태교신기대전 필사형식을 말한다.

담산의 진심·진정성이 사주당의 태교정신과 하나 될 수 있었던 것은 담산이 필사할 당시 그 내면세계에 하늘의 길〔天道〕인 성(誠)을 추구하고 지향하는 성지(誠之)의 순수의지가 충만되었기 때문이다. 중용(中庸)의 소위 "성실 그것은 만사·만물의 처음이자 끝이요, 성실하지 못하고서 그 본디모습이 간직되는 만사·만물은 없다."〔誠者, 物之終始, 不誠無物.〕라는 이 말은 곧 사주당의 태교정신이 담산의 서예정신과 하나로 체현될 수밖에 없는 이유이겠다. 이런 의미에서 담산의 태교신기대전 필사는 담산의 진심·진정성으로 추구된 일종의 주객합일적 심미활동의 체현세계요, 필사 내의 일점·일획·일자·일행 등 모든 구성요소들이 충서활동의 일기(一氣)로 호흡하며 기운생동하는 일장의 인문세계라 하겠다.

사주당의 태교신기대전은 유교의 유아교육정신을 뿌리삼아 이루어진 일종의 교과서요, 담산의 태교신기대전 필사는 담산의 내적 진실이 서예로 체현된 일종의 심미예술이다. 필자는 담산의 태교신기대전 필사에서 유교적 인문정신이 요구하는 순수주체심태를, 즉 일심(一心)의 일기로 일관되는 기식(氣息)의 생동을 직관한다. 여기서 말하는 일심은 순일심(純一心)이자 순수심이요, 성경심(誠敬心)이다. 본디마음으로 환원된 마음의 상태다. 일심은 본연적 자아를 실현할 수 있는 진정한 주체자아이면서, 대상 사물을 직관할 수 있는 왕양명(王陽明)의 소위 양지심(良知心)이다.

여기 일심은 또한 담산의 태교신기대전 필사시의 집중심(集中心)이요, 단순심(單純心)이요, 초심(初心)이기도 하다. 집중심은 성경의 경지에 든 마음이니, 정이천(程伊川)

의 소위 거경(居敬)의 마음이요 존천리(存天理)의 마음이며, 주자의 소위 주일무적(主一無適)의 마음이기도 하다. 단순심은 마음에 잡된 군더더기 생각이 없는 순일한 마음이다. 공자의 소위 사무사(思無邪)의 마음이요, 맹자의 소위 호연지기(浩然之氣)의 마음이요, 대학의 소위 무자기(無自欺)의 마음이요, 중용의 소위 신기독(愼其獨)의 마음이기도 하다. 초심은 그 어떤 이해득실이나 시비선악, 미추호오 등의 감정 개입 없이 발현되는 최초의 마음, 즉 순수하고 신선한 마음이다. 필자가 이토록 담산의 태교신기대전 필사의 마음을 극찬하는 것은, 그 필사의 서예적 예술성 여부와는 아무 상관없이, 담산이 서예정신의 첫째 요목(要目)인 자기 진정성을 다 발휘하여 필사하였음을 말하고자 함이다.

이렇듯 담산의 태교신기대전 필사의 세계는 단순한 문자의 검은 글씨가 기계적으로 나열된 무생명의 세계가 아니다. 유교의 세계관에서 알 수 있듯이, 태교신기대전 필사의 세계는 그들 수많은 개별 요소들이 집합을 이루며 서로 교감하고 감응하고 소통하는 유기체적 생명의 세계이다. 그러나 필사세계의 이들 일점 · 일획 · 일자 · 일행 등 각개 생명요소들은 그 유기적 관계를 분열시키거나 서로를 침범하지 않고자 개별적 자유분방의지를 가능한 한 절제하면서도, 그리고 서로 간에 따로히 유리(遊離) · 분열되지 않고자 일기로 호흡하고 교감하고 교융하고 소통하면서 사주당의 태교가 추구하고자 하는 순정(順正)의 정신을 담담하게 체현하고 왔다.

개괄하여 필자는 담산의 태교신기대전 필사의 세계를 사주당이 추구하고자 하는 태교의 예교정신과 담산이 추구하고자 하는 서예의 순수주체심과의 합일적 심미체현(審美體現)의 세계라고 말하겠다.

끝으로 담산 여사의 서운(書運)을 빈다.

宋河璟(성균관대학교 유학대 명예교수 · 서예가)

머리말

한 여성으로서 그리고 어머니로서, 오래전부터 태교의 중요성에 대해서 잘 알고 있었지만, 우연한 기회로 태교신기대전을 서예로 쓰게 되었다.

「2016년 한국서예협회 용인시지부전」을 '용인의 유적지, 관공서, 회사명, 상호'를 주제로 캘리그라피전을 준비하면서 이사주당(李師朱堂)에 대해 관심을 갖게 되어 사주당에 관한 책들을 보고 있던 중 용인문화유적전시관에서 "조선의 태교를 쓰다"라는 주제의 전시 포스터가 눈에 띄였다. 전시장을 찾아가 둘러보면서 태교신기대전 영인본 책을 보고 2가지 생각이 번뜩 떠올랐다.

첫째는 이 책을 서예로 써보고 싶다는 생각이었고, 둘째는 한국서예협회 용인시지부장을 맡고 있는 나로서 회원전 소재를 무엇으로 할까 고민 중에 있던 때에, 마침 태교신기 내용을 활용하면 좋겠다는 생각이 들었다. 그래서 2017년 "먹빛으로 태교신기를 담다"라는 회원전을 개최하게 되었다.

세계 최초의 태교관련 전문 저술서인 『태교신기』는 『언문지(諺文志)』와 『물명유고(物名類考)』를 펴낸 유희의 어머니이자, 빙허각 이씨의 외숙모 사주당 이씨(師朱堂 李氏,1739~1821)가 임산부들을 가르치기 위하여 한문으로 지은 책이다. 이 책을 유희가 음의(音義)와 언해를 붙여 엮었다. 사주당 이씨는 어려서부터 『소학(小學)』, 『주자가례(朱子家禮)』, 『여사서(女四書)』 등을 비롯한 경서(經書)를 두루 읽고 익혔으며, 신사임당 버금갈 만큼 학식과 부덕이 뛰어나 동해모의(東海母儀)라는 칭송을 받았다고 한다. 사주당 이씨와 아들 유희의 공동저술이라 할 수 있는 책이다.

태교신기장구대전 번역문에 나오는 모든 한자마다 한글로 음을 달고 여타 언해본들과 마찬가지로 한 문장씩 떼어서 한글로 토를 달고 이어서 우리말로 옮기는 방식을 취했다. 또 사주당 이씨가 시대를 앞서간 실학자였다는 것을 알려주는 귀중한 유물이다. 이사주당이 이 책을 통해 강조한 태교는 미래 세대를 위한 가르침의 출발점이자, 임산

부가 마땅히 갖춰야할 도덕적 수양과, 태교가 여성만의 일이라는 편견을 깨고 부부와 온 가족이 함께해야 한다는 개념으로 확장시켜준 것이다.

"스승이 10년 가르침이 어미가 잉태하여 10달 기름만 같지 못하고, 어미 10달 기름이 아비 하루 낳는 것만 같지 못하다."라고 기록하고 있으며 남편의 역할 또한 중시하고 있다.

아이 둘을 낳은 엄마로서 나름 태교를 한다고 했지만, 그저 친정어머니에게서 들은 말씀은 '좋은 것만 보고, 듣고, 생각하고, 바른 행동, 예쁜 말만 하라'는 등등의 것들뿐이었다. 이전에 태교신기를 접했더라면 더 좋은 태교를 하지 않았을까? 하는 아쉬움이 있다.

요즘 출산인구는 점점 줄고 있는 시대에 살고 있는 우리들은 '핵가족화시대에 아이들 인성교육도 어렵거니와, 또한 태교의 중요성을 심각하게 받아들이는 임산부가 얼마나 될까?'라는 우려의 목소리도 높다.

이에 태교의 중요성을 부각시키는 좋은 자료라 여겨, 용인문화 유적전시관 '조선의 태교를 쓰다' 기획전시가 끝나자마자 용인 유적전시관 관장님을 찾아가 태교신기를 서예로 써서 다음 용인시 회원전을 할 때 같이 전시하고 싶다고 태교신기 영인본 대여를 간곡히 부탁 드렸고, 공문으로 영인본 대여신청을 하였더니, 흔쾌히 허락해 주셨다. 그리하여 2017년 용인시지부 회원전은 태교신기 내용을 주제로 한 전시가 되었고, 태교신기 완필본을 실사 출력하여 전시하니 전시장의 반을 차지하는 방대한 것이었다.

서울대학교 교수로 계시다 나이지리아로 건너가 내병 다수성 카사바를 개발해 식량난을 해소시킨 식물유전육종학자이시고 '까만나라 노란추장'의 주인공이신 한상기 박사님께서, 이런 보물을 그냥두면 안 된다 하시며 책으로 내라고 권해 주셨고, 개막식에 참석하신 전 용인시장님께서도 용인의 보물 순금신기라 칭해 주셔서 용기를 갖게 되었다.

처음부터 책을 출간하고자 쓴 것이 아니고 한 어머니로써 내용이 마음에 와 닿고 공감하기에 직접 써서 한권의 책으로 소장하고픈 생각이었기 때문에 심혈을 기울여 썼지만, 그래도 책으로 내기에 썩 맘에 들지 않아 160여 쪽 되는 분량이지만 다시 한번 써서 다운샘 출판사 김영환 사장님을 찾아가 보여드렸다. 사장님께서도 이것을 책으로 내면 좋겠다고 하셔서 "이 많은 분량을 쓰느라 고생하셨는데 원본과 같은 페이지로 썼으면 더 좋지 않을까요?" 하셨다. 처음에는 기존에 나오는 9줄로 된 사경지에 썼었는데 태교신기 원문은 10줄로 되어 있어서 "그렇다면 다시 10줄로 원판과 똑 같이 쓰겠습니다."라고 말씀드리고, 총 3벌을 써서 이렇게 출간하게 되었다.

제가 서예가의 길을 걷게 해주신 지금은 고인이 되신 친정아버지, 생전에 서예를 즐겨 하셨고 대를 이어서 서예를 한다고 좋아하셨으니, 지금 살아계셔서 이 책을 보셨더라면 누구보다도 더 기뻐하셨을 아버지께 감사드린다. 그리고 항상 공부하느라 힘들게 산다고 걱정을 놓지 못하시는 친정어머니, 결혼 후 계속 함께 사시며 저 대신 아이들 뒷바라지 도맡아주시고, 딸 이상으로 따뜻한 사랑으로 챙겨주시는 시어머님께 감사드린다. 서예에 전념할 수 있게 든든히 후원해 주는 남편에게 고맙고, 항상 바쁜 엄마로 살아가며, 사랑이 부족함에도 자기할일 스스로 찾아 잘 자라주고 있는 고3 아들과 고1 딸에게, 항상 미안하고 고맙고 사랑한다. 이렇게 주위에서 도와주시는 분들이 있었기에 미흡하나마 이 귀중한 태교신기를 책으로 출간하게 되었다.

태교신기대전 책 출간에 전적으로 힘을 보태주신 용인시와 문화예술과 관계자 및 학예사님, 국립중앙도서관 담당자와 한상기 박사님, 또 추천사 글을 논문 이상으로 써주신 성균관대학교 명예교수 우산 송하경 교수님, 이 모든 분들께 감사를 드립니다.

아무쪼록 이 책이 결혼을 준비하는 예비부부와 모든 임산부와 그리고 그 가족과 서예인들에게 좋은 사료가 되었으면 하는 마음 간절하다.

2018년 7월 일

담산 이순금

해 제

『태교신기胎敎新記』

『태교신기』는 이사주당이 1800년(정조 24년)에 저술한 태교 지침서이다. 한문으로 쓰여진 것을 이듬해 아들 유희柳僖가 장章과 절節로 나누고 한글로 번역하였다. 중국 고대의 유가 경전인 『예기禮記』의 내용에서 빠진 부분을 보완하고 세상 사람이 태교에 대한 의혹을 일깨우는데 힘쓰라는 바람에서 『태교신기』라 이름 붙여졌다.

당시에는 중국 서적에 태교에 관한 단편적인 기록만 있을 뿐, 구체적으로 태교를 다룬 저서가 없었다. 태교에 대한 이해도 부족해 태교가 널리 행하여지지도 않았다. 이러한 시대 상황 속에서 이사수당은 태교의 중요성을 인식하고 태교의 이론과 실천 방법을 다룬 『태교신기』를 저술하였다. 『태교신기』에는 기존 의서에 나와 있는 태교 관련 정보, 민간에서 전래되는 태교 관습들, 이사주당이 자신의 경험적 지식이 종합되어 있다. 책머리에 책명과 저술 목적이, 10장 35절에 걸쳐 태교의 중요성과 구체적인 실천 방법들이 제시되어 있다. 이사주당이 태교를 중시한 이유는 태胎가 곧 사람의 출발이기 때문이다. 신작申綽이 쓴 『태교신기』의 서문에서는 "태란 천지의 시작이요 음양의 근원이다. 또한 조화의 원동력이고 만물을 담는 그릇이다."라며 태의 중요성을 밝히고 있다.

『태교신기』에는 『시경』·『서경』·『대학』 등의 유교경전이 다수 인용되어있고 효孝 사상을 강조하는 등 그 배경에 기본적으로 유교적 철학 사상이 짙게 깔려있다. 당시 조선 후기 사회는 지아비에게 헌신하며 수동적인 여성의 삶의 자세를 강조하였는데, 임산부들 역시 올바른 생각과 태도를 강요당했다. 『태교신기』는 이러한 전통적인 태교법에서 벗어나 임산부들에게 수신修身 즉, 끊임없는 실천을 요구하였다. 또한 아버지의 하루 마음가짐의 중요성을 언급하며 아버지 태교를 강조하는 등 그 동안 임산부의 역할로만 여겨오던 태교를 부부와 온 가족이 함께해야 하는 일로 확장시키며 한 단계 발전된 태교 방법을 제시하였다는 점에서 큰 의미가 있다.

이사주당의 생애

이사주당(1739~1821)은 태종의 서자 경녕군敬寧君의 11대 손으로, 1739년(영조 15년) 충청북도 청주에서 태어났다. 집안 형편은 넉넉지 않았으나 아버지 이창식李昌植의 후원 아래 어렸을 때부터 부녀자들의 교훈서인 『여사서女四書』, 가정 예절서인 『가례家禮』, 유교경전인 『논어論語』·『맹자孟子』 등을 공부하며 학문을 익혔다. 아버지가 세상을 떠나자 예를 갖추기 위해 출가 전까지 고기를 멀리 하고 솜옷을 입지 않았다. 이사주당의 바른 성품과 학문적 명성은 유한규에게까지 전해졌다. 20여 살의 나이 차이에도 불구하고 이사주당은 유한규의 네 번째 부인으로 혼례를 올렸다. 이사주당과 유한규는 슬하에 1남 3녀를 두었고 서로를 학문적 동지로 여기며 평생을 함께 하였다.

1783년 목천(지금의 천안시)현감木川縣監으로 있던 남편 유한규가 세상을 떠나자 이사주당은 어린 자녀들과 함께 남편의 묘소가 바라다 보이는 용인시 모현면 매산리로 이사하였다. 이후에도 학문에 정진하며 곧은 삶을 살았던 이사주당은 1821년(순조 21년) 향년 83세의 나이로 임시로 거처하던 한강 남쪽 서파에서 세상을 떠난다. 이사주당의 묘는 남편의 묘와 합장되어 현재 모현면 왕산리 산85에 위치해 있으며, 향토유적 제67호로 지정되어 있다.

이사주당의 학문세계

이사주당은 여성에게 유교적·학문적으로 제약이 많았던 시대였음에도 불구하고 군자와 같은 삶을 살았으며 여성들의 태교 지침서인 『태교신기』를 저술하였다. 유한규와의 결혼 직후 당호를, 어질기를 바란다는 뜻의 희현당希賢堂에서 주자朱子를 스승으로 삼았다는 뜻의 사주당으로 바꿀 만큼 경서와 역사서를 두루 탐독하고 정밀하게 연구하였다. 또한 그녀의 사고는 주자의 설에 머물지 않고 이론과 자신의 경험을 합치시키려 노력하였다. 이러한 노력의 결과물이 바로 『태교신기』이다. 한편 이사주당의 명성은 날로 높아져 조정 요직을 역임한 관리들과 선비들이 직접 그녀를 찾아가 가르침을 청할 정도였다. 또한 당시 노론과 소론으로 갈라져 당쟁을 일삼고 있었던 서인들을 비판하는 등 현실 정치에 있어서도 적극적이었다.

이사주당은 죽기 전 편지 한 묶음과 남편의 『성리문답性理問答』, 자신이 베낀 이이의 『격몽요결擊蒙要訣』 한 통을 입던 옷과 넣어주길 바라는 유언을 남겼는데, 죽을 때까지도 학문을 사랑했던 이사주당의 면모를 엿볼 수 있다.

차 례

胎敎新記諺解 태교신기언해

제1장 只言敎字 지언교자

제2장 只言胎字 지언태자

제3장 備論胎教 비론태교

제4장 胎教之法 태교지법

제5장 襍論胎教 잡론태교

◆ 일러두기

1. 본 태교신기대전 이미지는 국립중앙도서관 소장자료를 대본으로 하여 필사하였으며 편의상 찾아보기 쉽게 첫머리에 세부목차를 첨부하였다.

2. 태교신기대전 필사본을 우철로 먼저 싣고 참고자료로 국립중앙도서관 소장자료 영인본을 축소하여 실었다.

3. 좌철에는 태교신기대전 언해본을 대본으로 하여 원문과 언해본, 현대문을 실었다. 본서의 내용 중 해제와 현대문은 용인시 문화유적전시관의 자료 협조를 받았다.

4. 언해본 말미에 태교신기 내용을 주제로 한 서예작품을 실어 본서의 활용에 이해를 돕고자 하였다.

5. 대본을 필사하는 과정에 원전에 오류가 있는 것은 바로 잡았다.

例) 1. 65쪽 판심 二 → 三
2. 98쪽 1행 밀째니라 → 말째니라
3. 100쪽 10행 한이비랄 → 한아비랄
4. 105쪽 3행 우난뎨심쟝 → 우난뎨삼쟝
5. 101쪽 9행 종즉구외항면 → 종즉구와항면
6. 112쪽 7행 분욕에곡지셩 → 분욕의곡지셩
7. 117쪽 2행 어무근 → 언무근
8. 141쪽 8행 우난뗘륙쟝 → 우난뎨륙쟝
9. 143쪽 1행 단밀이라 → 단말이라
10. 151쪽 1행 이니시며 → 아니시며

태교신기대전

胎教新記諺解 태교신긔언해 胎教태교난 배안에셔 가라침이라

女範녀범 明節婦명졀부 劉氏류시의 지은 글에 갈아대 녯 어진 녀편내 아기 잇음에 胎教태교할 줄을 반다시 삼갓다 하니 이제 모든 글에 상고하매 그 法법을 傳젼한대 업스나 제 뜻으로 求구하여도 대컨 或혹 가히 알띠라. 내일 즉 두셔너 娠育신육아기 배여 낫한 말에 시험한 바로 긔록하여 한 編편을 만다러 써 모단 딸을 뵈나니 敢감히 쳔자로이 스사로 著述져슐글 짓단 말이라 하여 사람의 눈에 가랑홈이 아니나 그러나 오히려 可가히 內則내측 禮記례긔 녯글 일홈 의 빠지옴을 갓촐디라. 그럼으로 일홈하여 갈아대 胎教新記태교신긔라 하노라.

제1장 只言教字지언교자

第1節 人生氣質之由
제1절 사람 기질의 유래

人生之性 本於天

인생지셩은 본어텬하고

인생의 셩품은 하날에 근본하고

사람의 성품은 하늘에 근본하고,

氣質成於父母

긔질은 셩어부모하나니

긔질(기품 섭김이라)은 부모에게 이랏나니

기질은 부모로부터 만들어진다.

氣質偏勝 馴至于蔽性

긔질이 편승이면 순지우폐셩이라

긔질이 편벽되이이긔면 졈졈 셩품을 가리아매니란난디라

기절이 한 쪽으로 치우치면 점점 성품을 가리게 되므로

父母生育 其不謹諸

부모ㅣ 싱육에 기불근져아

부모ㅣ 나흐며 기람에 그 삼가지아니랴

부모가 낳고 기르는 것을 소홀히 할 수 없다.

第2節 胎教爲本 師教爲末

제2절 태교가 기본이고 스승의 가르침은 끝이다

父生之 母育之

부ㅣ생지와 모ㅣ육지와

아비ㅣ 나흠과 어미ㅣ 기람과

아버지가 낳으시고, 어머니가 기르시며,

師教之一也

사ㅣ교지ㅣ일야ㅣ라

스승이 가라팀이 한가지라

스승의 가르침은 모두 한 가지다. 부모와 스승의 위치는 같다.

善醫者 治於未病

션의쟈난 치어미병하고

의슐을 잘하난쟈난 병드디아냐 다사리고

의술을 잘하는 의사는 병들기 이전에 다스리고,

善斅者 斅於未生

션효쟈난 효어미생하나니

가라티기 잘하난 쟈난 나지아냐 가라티난

잘 가르치는 사람은 태어나기 이전에 가르친다.

故師敎十年

고로 사교십년이

고로 스승의 열 해 가라팀이

그러므로 스승의 십 년 가르침이

未若母十月之育

미약모십월지육이오

어믜 열 달 기람(배여 열열믹라)만 깃디 못하고

어머니 열 달 기르는 것만 못하고,

母育十月

모육십월이

어믜 열 달 기람이

어머니 열 달 기르심은

未若父一日之生

미약부일일지생이니라

아븨 하라 나흠(배던 때랄 니람이라)만 갓디 못하니라

아버지 하루 낳는 것만 못하다.

第3節 胎教之道 其責專在於父

제3절 태교의 책임은 아버지에게 있다

夫告諸父母 聽諸媒氏

부고져부모하고 텽져매시하고

무릇 부모에게 고하고 즁매에게 맛디고

부모님께 말씀드리고, 중매를 통해 좋은 배필을 구하며,

命諸使者 六禮備而後 爲夫婦

명져사쟈하야 륙례비이후에 위부부ㅣ어든

사쟈(혼례의 말 통하난 사람)에게 명하야 삿례(납채와 문명과 납길과 납징과 청긔와 친영이라)가잔 후에 부부ㅣ 되거든

혼례를 주관할 사람에게 명하여, 육례를 다 갖춘 뒤에 부부가 되거든,

日以恭敬相接

일이공경샹졉하고

날노 공경으로써 서로 대졉하고

매일 공경하는 마음으로써 서로 대하여야 한다.

無或以褻狎相加

무혹이셜압샹가하야

혹 샹되며 닉살함으로써 셔로 더으디 못하야

행여 상스럽거나 우스갯소리로 대하지 말아야 한다.

屋于之下 牀席之上

옥우지하와 상셕지상에

집웅아래와 평상돗우헤셔(둘이만 잇을 적이란 말)

한 지붕 아래나 침상 위에 단둘이 있을 때라도

猶有未出口之言焉

유유미츌구지언언하며

오히려 입에 내디 못 할 말이 잇으며

하지 말아야 할 말이 있으며,

非內寢 不敢入處

비내침이어든 불감입쳐하고

안방이 아니어든 드러잇디 아니하고

부부가 거처하는 방이 아니면 함부로 드나들지 말며,

身有疾病 不敢入寢

신유질병이어든 불감입침하고

몸에 병이 잇거든 드러자다 아니하고

몸에 질병이 있으면 잠자리를 같이 하지 않아야 한다.

身有麻布 不敢入寢

몸에 삼과 뵈(거상과 즁복이란 말) 잇거든 드러자디 아니하고

상복을 입었거든 침소에 들어가지 아니하며,

陰陽不調 天氣失常

음양이 불됴코 텬긔실상이어든

음양이 고로디 아니코 하날긔운이 예사롭디 아니커든

음양이 고르지 않거나 기후가 좋지 않으면

不敢宴息 使虛欲 不萌于心

불감연식하야 사허욕으로 불맹우심하며

편히 쉬디 아니하야 하여금 헷욕심이 마암에 나디 아니하고

감히 편히 쉬지 말며, 헛된 욕심이 마음에서 싹트지 않게 하며,

邪氣不設于體

샤긔로 불셜우톄하야

샤긔엣 긔운이 몸에 븟디 아니케 하야써

나쁜 기운이 몸에 붙지 않게 하여야 한다.

以生其子者 父之道也

이생기자쟈난 부지도야ㅣ니

그 자식을 낫난 쟈난 아비의 도리니

이렇게 하는 것이 자식을 낳는 아버지의 도리이다.

詩曰 相在爾室

싀왈 샹재이실혼대도

시(녯노래랄 공자게셔 빠시니라)에 갈아대 네 방의 잇음을 보아도

『시경詩經』에 이르기를, "혼자 방에 있어도

尙不愧于屋漏

샹불괴우옥누ㅣ니

오히려 집구셕이 붓그럽디 아닐띠니

천신에게 부끄러움이 없어야 할 것이다.

無曰不顯 莫予云覯

무왈불현하라 막여운구ㅣ라 하니

갈이대 나타나디 아냐 날 보나니 업다 말나

나타나지 않는다 하여 나를 보는 사람이 없다 하지 말라.

神之格思 不可度思

신지격사ㅣ 불가탁사ㅣ라 하니라

귀신의 옴을 가히 혜아리디 못한다(가만한 즁도 귀신이 삷인단 말이라)하니라

귀신이 오는 것을 우리가 헤아리지 못할 뿐이다."라고 하였다.

第4節 胎敎之責 專在於女

제4절 태교의 책임은 어머니에게도 있다

受夫之姓 以還之夫 十月 不敢有其身

슈부지셩하야 이환지부호대 십월을 불감유기신하야

디아븨 셩(자식을 니람이라)을 바다써 디아뵈게 도라보낼새 열달을 감히 그 몸을 임의로 못하여

남편의 성(姓)을 받아서 자식을 낳을 때까지, 임신 열 달 동안은

非禮勿視 非禮勿聽 非禮勿言

비례물시하며 비례물텽하며 비례물언하며

례 아니어든 보디 말며 례 아니어든 듯디 말며 례 아니어든 니라디 말며

예가 아니면 보지 말며, 예가 아니면 듣지 말며, 예가 아니면 입으로 말하지 말며,

非禮勿動 非禮勿思

비례물동하며 비례물사하야

례 아니어든 움작이지 말며 례 아니어든 생각디 말아

예가 아니면 행동하지 말며, 예가 아니면 생각하지도 말아야 한다.

使心知百體 皆由順正

사심지백톄로 개유순졍하야

하여곰 마암과 지각과 백가지 몸으로 다 슌하고 바라게하야써

이렇게 마음으로 백례〔由順〕를 알게 하여 지각과 온 몸으로 순하고 바르게 하여서

以育其子者 母之道也

이육기자쟈난 모지도야ㅣ니

그 자식을 기라난 쟈난 어미의 도리니

자식을 기르는 것이 임신부의 도리다.

女傳曰 婦人姙子

녀젼에 왈 부인이 임자에

녀젼(한 류향의 지은 렬녀젼이라)에 갈아대 부인이 자식 배매

『열녀전烈女傳』에서 이르기를, "부인이 자식을 임신하면

寢不側 坐不偏

침불측하며 좌불편하며

잠자기를 기우로 아니하며 안끼랄 한편으로 아니하며

잠자리를 기울여 옆으로 자지 아니하며, 앉기를 한쪽 구석으로 하지 아니하며,

立不蹕

입불픠하며

서기랄 츼드대디 아니하며

서 있을 때 기대거나 발돋음 하지 않으며,

不食邪味 割不正不食

불식샤미하며 할불졍불식하며

샤긔로온 맛 알먹디 아니며 버힌 것이 바라디 아니커든 먹디 아니며

자극적인 음식을 먹지 아니하며, 자른 것이 바르지 않거든 먹지 아니하고,

席不正不坐

셕불졍불좌하며

돗치 바라디 아니커든 안띠 아니며

돗자리가 바르지 아니하거든 앉지 아니하며,

目不視邪色

목불시샤색하며

눈에 샤긔로온 빗흘보디 아니며

눈이 사기(邪氣)로운 빛은 보지 않고,

耳不聽淫聲

이불텽음셩하며

귀에 음난한 소래랄 듯디 아니며

귀에 음란한 소리는 듣지 아니하며,

夜則令瞽 誦詩

야즉령고로 송시

밤이면 쇼경으로 하여곰 시(공자 빼신 녯노래라)를 외오며

밤에는 가까이 있는 좋은 사람으로 하여금 『시경詩經』을 외우게 하고,

道正事

도졍사하니

바란 일을 니라니

올바른 일만을 말하여야 한다."

如此則生子 形容端正 才過人矣

여차즉생자에 형용이 단정하고 재ㅣ과인의라 하니라

어럿탓하면 자식을 나흐매 얼골이 단정하고 재죄 남에게 디나다 하니라

이렇듯이 하면 자식을 낳았을 때, "얼굴이 단정하고 남보다 재능이 뛰어나다."고 하였다.

第5節 長之後責在於師

제5절 성장한 후에는 스승에게 책임이 있다

子長羈丱

자장긔관에

자식이 자라 가래상토하매

자식이 자라서 8세의 어린이가 되면

擇就賢師

택츄현사ㅣ어든

어진 스승을 갈히여 나아가거든

훌륭한 스승을 선택하여야 하는데,

師教以身

사교이신하고

스승이 몸으로써 가라티고

스승은 몸으로써 가르치되

不教以口

불교이구하야

입으로써 가라티디 아니하야
입으로써 가르치지 아니하며,

使之觀
사지관
하여곰 보아
눈으로 보게 하여
感而化者 師之道也
감이화쟈난 사지도야ㅣ니
감동하야 화케 하난 쟈난 스승의 도리니
감동하게 하는 것이 스승의 도리이다.

學記曰 善教者
학긔에 왈 션교쟈난
학긔(례긔의 글 일홈이라)에 갈아대 잘 가라티난 쟈난
『학기』에 이르기를, "잘 가르치는 스승은

使人繼其志
사인계기지라 하니라
사람으로 하여곰 그 뜻을 닛게 한다 하니라
사람으로 하여금 그 뜻을 잘 따르게 한다."고 하였다.

第6節 子有才知然後專責之師

제6절 자식에게 재능이 있어야 스승의 책임을 논할 수 있다

是故 氣血凝滯
시고로 긔혈이 응체하야

이런고로 긔운과 피가 매치여
이런 까닭에 기운과 피가 모여 태아를 이루는데

知覺不粹 父之過也
지각이 불슈난 부지과야ㅣ오
지각이 맑디 못함은 아뵈 허물이오
자녀가 지각이 맑지 못하면 아버지의 허물이요,

形質寢陋 才能不給
형질이 침누하야 재능ㅣ불급은
형상생김이 더러워 재죄 넉넉디 못함은
모습과 자질이 흉하고 재능이 부족한 것은

母之過也
모지과야ㅣ니
어믜 허믈이니
어머니의 허물이다.

夫然後 責之師
부연후에 책지사하나니
그런 후에 스승에게 책망하나니
그러면서도 잘 낳지 못하면 스승만 책망하니,

師之不敎 非師之過也
사지불교ㅣ 비사지과야ㅣ니라
스승의 가리티디 못함이 스승의 허물이 아니니라
스승이 가르치지 못함은 스승의 허물이 아니다.

제2장 只言胎字지언태자

第1節 物之性 由於胎時之養
제1절 사물의 성질은 배태(胚胎) 되었을 때 기름[養]에 의한다

夫木胎乎秋

부목태호츄ㅣ라

무릇 남기 가을에 태하난디라(비로소 생기단갈이라)

무릇 나무는 가을에 태가 생기어

雖蕃廡 猶有挺直之性

슈번무ㅣ나 유유뎡직지셩이오

비록 덧거츠러도 오히려 곳게 빼긋한 셩품이 잇고

비록 거칠어도 오히려 곧게 뻗는 성품이 있고,

金胎乎春

금태호츈이라

쇠가 봄에 태하난디라

쇠는 봄에 배태하는 것으로

雖勍利 猶有流合之性

슈경리나 유유류합지셩이니

비록 굿셰고 날카나 오히려 흘너 엉긔난 셩품이 잇으니

비록 굳세고 날카로우나 오히려 흘러 합치는 성질이 있다.

胎也者 性之本也

태야쟈난 셩지본야ㅣ라

태난 셩품의 근본이라
태라는 것은 성품의 근본이며,

一成其形而教之者 末也
일셩기형이교지쟈난 말야ㅣ니라
그 형상을 한번 닐운대 가라티난 쟈난 말째니라　　밀째니라→말째니라
일단 한번 형상을 이룬 다음에 가르치는 것은 그 끝이 된다.

第2節 以見人之性 由於胎時之養
제2절 사람의 기질은 잉태 시의 기름[養]에 달려 있다

胎於南方 其口闊
태어남방에 기구ㅣ 굉하나니
남방에셔 배면 그 입이 너르나니
남방에서 아이를 배면 입이 크며,

南方之人 寬而好仁
남방지인은 관이호인이오
남방사람은 너그러워 어딜믈 죠하하고
남방 사람은 너그럽고 어진 것을 좋아한다.

胎於北方 其鼻魁
태어북방에 기비ㅣ 괴하나니
북방에셔 배면 그 코이 놉흐나니
북방에서 아이를 배면 코가 높으며,

北方之人 倔强而好義

북방지인은 굴강이호의라

북방사람은 굿세여 의긔랄 죠하하난지라

북방사람은 굳세어 의리를 좋아한다.

氣質之德也

기질지덕야ㅣ니

긔질의 덕이니

이러한 것이 기질의 탓이니

感而得乎十月之養

감이득호십월지양이라

열달 기라난대 감동하야 어든

열 달간의 태교로 얻어지는 것이기에

故君子必愼之爲胎

고로 군자ㅣ 필신지위태니라

고로 군자ㅣ 반다시 삼감을 태에 하나니라

군자는 태를 위하여 반드시 신중해야 한다.

제3장 備論胎教비론태교

第1節 古人有胎教而其子賢
제1절 선인들은 태교를 행하여 현명한 자식을 얻었다

古者聖王 有胎教之法

고쟈셩왕이 유태교지법하사

녯 셩왕이 태교의 법이 잇으샤

옛 성왕은 태교의 법을 두어

懷之三月 出居別宮

회지삼월에 츌거별궁하야

배연디 셰달에 별궁에(딴집이란 말) 나가 잇어

임신 이후 세 달 동안 별궁에 나가 있게 하여,

目不衺視

목불샤시하며

눈에 빗기보디 말며

눈을 흘겨보지 아니 하고,

耳不妄聽

이불망텽하며

귀에 망녕되이 듯지 말며

귀에 망령된 소리를 듣지 아니하며,

音聲滋味 以禮節之

음셩자미알 이례졀지하더소니

풍류소래와 맛난 맛알 례로써 존절하옴이
풍류소리와 맛이 기름진 음식을 예로써 절제하였다.

非愛也 欲其教之豫也

비애야ㅣ라 욕기교지예야ㅣ라

사랑홈이(밴 아기를 사랑한단 말이다) 아니라 가라티기를 미리코자 함이라

사랑하기 보다도 가르치기를 미리 하고자 함이었다.

生子而不肖其祖 比之不孝

생자이불초기조랄 비지불효ㅣ라

자식 나하 그 한아비랄 닮디 못하면 불효와 갓다하난

자식 낳아 그 할아버지를 닮지 않으면 불효와 같다고 하였다.

故君子欲其教之豫也

고로 군자ㅣ 욕기교지예야ㅣ니

고로 군자ㅣ 가라팀을 미리코져 하나니

고로 군자는 가르침을 미리 하고자 한다.

詩曰

시왈

시에 갈아대

『시경詩經』에 이르기를,

孝子不匱 永錫爾類

효자불궤하야 영석이뤼라 하니라

효자ㅣ 모자라디 아냐 기리네(뤼랄) 주신다(효자의 아달이 또 효자ㅣ 난단 말이라) 하니라

"효자가 끊이지 아니하면 영원토록 너와 같은 효자를 주신다."고 하였다.

第2節 今人無胎教 而其子不肖
제2절 요즘 사람들은 태교를 하지 않아 불효자를 낳는다

今之姙者 必食怪味 以悅口

금지임쟈난 필식괴미하야 이열구하고

이제의 아기 배나니 난 반다시 괴이한 맛알 억어써 입을 깃그고

요즘 사람들은 임신을 하면 독특한 맛을 찾아 먹고 입을 즐겁게 하고,

必處凉室 以泰體

필쳐량실하야 이태톄하며

반다시 서늘한데 잇서써 몸을 편케하며

몸을 서늘한 곳에 두어 지나치게 몸을 편하게 하며,

閒居無樂 使人諧語而笑之

한거무락이어든 사인해어이쇼지하며

한가히 잇어 심심하면 사람으로 하여곰 니여기하야 우스며

한가히 있어 심심하면 사람들로 하여금 웃기는 이야기하게 하여 웃으며,

始則誑家人

시즉광가인하고

비로슴엔 집안을 속이고(아기 뱀을 긔임이라)

처음에는 집안사람들을 속이기도 하며,

終則久臥恒眠

종즉구와항면하나니

마참엔 오래 눕고 샹해 잠자니

나중에는 오래 누워 항상 자려고만 한다.

誑家人 不得盡其養

광가인일새 불득진기양이오

집안을 속이매 그 기라난 도리랄 다 못하고

집안사람들을 속이므로 양육하는 도리를 다할 수 없고,

久臥恒眠 榮衛停息

구와항면일새 영위뎡식하니

오래 눕고 샹해 잠자매 영위(사람의 몸에 도난 혈긔라) 머추나니

오래 누워 잠만 자면 영위榮衛의 흐름에 방해를 초래하니

其攝之也悖 待之也慢 惟然故

기셥지야ㅣ 패코 대지야ㅣ 만이라 유연고로

그 죠셥하기랄 그룻하고 남이 대졉하기랄 게얼이 하난디라 오직 그런고로

이는 섭생을 잘못하여 대접받기만 바라고 게으른 탓에

滋其病而難其産

자기병이난기산하며

그 병을 더으고 그 해산을 어렵게 하며

그 병이 더 깊어지고 출산이 어렵게 되고,

不肖其子而墜其家 然後

불초기자이추기가한 연후에

그 자식을 갓디아냐 디게하고 그 가문을 떠러틴 그린 후에

그 아이가 잘못되어 가문의 명예를 떨어뜨린 후에

歸怨於命也

귀원어명야 하나니라

팔자의 원망을 홋호하나니라

운명의 탓으로 돌리며 원망한다.

第3節 以人而不可無胎敎
제3절 태교는 반드시 필요하다

夫獸之孕也 必遠其牡

부슈지잉야에 필원기모하고

무릇 즘생이 삿기 배매 반다시 그 숫컷을 멀이하고

무릇 짐승은 새끼를 배면 반드시 수컷을 멀리하고,

鳥之伏也 必節其食

됴지부야에 필졀기식하고

새ㅣ 알을 안으매 반다시 그 먹기랄 존졀하고

새가 알을 품을 때는 반드시 먹는 것을 가리며,

果羸化子 尙有類我之聲

과라ㅣ화자에 샹유뤼아지셩하나니

나나리 삿기랄 맨들매 오히려 날 닮으란 소래 잇나니

나나니벌은 새끼 만들 때 자신을 닮으라고 소리를 낸다.

是故 禽獸之生 皆能肖母

시고로 금수지생이 개능초모호대

이런 고로 새즘생의 생김이 다 능히 어미랄 닮으되

이러한 이유로 태어나는 짐승 생김이 모두 어미를 닮는 것이다.

人之不肖 或不如禽獸

인지불초ㅣ 혹불여금슈ㅣ

사람의 갓디 아니니 난 혹 새즘생만도 못한
사람이 중에 사람답지 못하고, 짐승만도 못할 수 있어서

然後 聖人有怛然之心

연후에 셩인이 유달연지심하샤
그린 후에 셩인이 불샹히 녀기신 마암이 잇으야
성인께서 측은한 마음을 가져

作爲胎教之法也

작위태교지법야ㅣ시니라
태교의 법을 맨드시니라
태교의 법을 만들었다.

제4장 胎教之法태교지법

第1節 擧胎敎之大段
제1절 태교는 온 집안이 해야한다

養胎者 非惟自身而已也

양태쟈ㅣ 비유자신이이야ㅣ라

태랄 기라난 쟈ㅣ몸 스사로 할뿐이 아니라

태아 기르는 사람은 어머니 한 사람만이 아니라

一家之人 恒洞洞焉

일가지인이 항동동언하야

왼 집안사람이 샹해동동(조심하난 거동)하야

온 집안사람이 항상 거동을 조심하여야 한다.

不敢以忿事聞

불감이분사문하나니

감히 분한 일로 써 들이지 못하나니

임신부가 함부로 분한 일을 듣게 해서는 안 되니

恐其怒也

공기노야ㅣ오

그 셩내일 가저 흠이오

성낼까 두려워함이요.

不敢以凶事聞

불감이흉사문하나니

감히 흉한 일노써 들이디 못하나니
함부로 흉칙한 일을 듣게 해서도 안 되니

恐其懼也
공기구야ㅣ오
그 두릴 가저 흠이오
두려워할까 걱정되기 때문이다.

不敢以難事聞
불감이난사문하나니
감히 난쳐한 일로써 들니디 못하나니
함부로 난처한 일을 들려주면 안 되니

恐其憂也
공기우야ㅣ오
그 근심할가 저흠이오
그로써 근심할까 두려워함이요.

不敢以急事聞
불감이급사문하나니
감히 급한 일로써 들이디 못하나니
함부로 급한 일을 들려주어도 안 되니

恐其驚也
공기경야ㅣ라
그 놀낼가 저흠이라
그로써 놀랄까 걱정해서 이다.

怒令子病血

노ㅣ령자병혈하고

셩내이면 자식으로 하여곰 피가 병들고

성내면 그 자식의 피가 멍들게 하고,

懼令子病神

구ㅣ령자병신하고

두리면 자식으로 하여곰 졍신이 병들고

두려워하면 자식의 정신이 병들고,

憂令子病氣

우ㅣ령자병긔하고

근심하면 자식으로 하여곰 긔운이 병들고

근심하면 자식의 기를 병들고,

驚令子癲癎

경ㅣ령자뎐간하나니라

놀내면 자식으로 하여곰 간질(바람병)하나니라

놀라면 자식이 간질이 들게 되니라.

第2節 胎敎之法 他人待護爲先
제2절 임신부를 항상 보호해야 한다

與友久處 猶學其爲人

여우구쳐ㅣ라도 유학기위인커든

벗으로 더부러 오래 잇어도 오히려 그 위인(마암가딤이라)을 배호거든

벗과 오래 있어도 그 사람됨을 배우거든,

況子之於母 七情肖焉

황자지어모에 칠졍이 쵸언이라

하믈며 지식이 어믜게난 칠졍(깃금과 셩냄과 셜흠과 두림과 사랑함과 뮈움과 욕심괘일온 칠졍이라)을 닮난

하물며 자식은 그 어미에게서 나온 기쁜·성냄·두려움·서러움·사랑함·미움·욕정 등 칠정七情을 닮는다.

故待姙婦之道

고로 대임부지도난

고로 임부(아기 밴 지어미) 대졉하난 도리난

고로 임신부를 대하는 도리는

不可使喜怒哀樂 或過其節

불가사희노애락으로 혹과기절이니

하여곰 깃금과 셩냄과 셜움과 즐김이 혹 그 마듸에 디나게 못할띠니

기쁨과 성냄과 즐김이 절도를 지나치지 못하게 할 것이다.

是以姙婦之旁 常有善人

시이로 임부지방에 샹유션인이

이럼으로 임부의 겻헤 샹해 착한사람이 잇어

그러므로 임신부의 곁엔 항상 선한 사람이 있어

輔其起居 怡其心志

보기긔거하고 이기심지하며

그 거등을 돕고 그 마암을 깃그며

그 거동을 돕고, 그 마음을 기쁘게 하며,

使可師之言 可法之事

사가사지언과 가법지사로

하여곰 본바들 말과 법밧을 일로

본받을 말과 마땅히 해야 할 일을

不聞于耳

불간우이한

귀에 끗디 아닌 그린

귀에 끊임없이 들려 준

然後 惰慢邪僻之心 無自生焉

연후에아 타만샤벽지심이 무자생언하나니라

후에아 게으르며 샤긔로온 마암이 부터날 때 업나니라

후에야 게으르고 사벽邪辟한 마음이 생겨나지 않을 것이다.

待姙婦

대임부

임부 대졉함이라

이것이 임신부를 대하는 도리이다.

第3節 自正其心 自先謹目見
제3절 임신부는 마음을 바르게 하기 위하여 보는 것을 삼간다

姙娠三月 形象始化

임신 삼월에 형샹이 시화하야

아기 배연디 세달에 형샹이 비로소 되야

아이를 임신한지 세 달째에 아이에 형상이 비로소 생기니

如犀角紋 見物而變

여셔각문이 견물이변이니

셔각(들쇠뿔이니 띄하난것) 읫문의 의보난 것대로 변함갓하니

마치 물뿔소 무늬가 보는 대로 변화하는 것과 같다.

必事見貴人好人

필사견귀인호인과

반다시 하여곰 귀인(벼살 놉한 사람)이며 호인(모양 엄젼한 사람)이며

반드시 임신부로 하여금 귀인貴人·호인好人

白璧孔雀華美之物

백벽공작화미지물과

흰벽(옥 일홈이라)이며 공쟉(이상이 빗고은새)이며 빗나고 아람다운 것과

흰 벽옥璧玉·공작孔雀과 같이 빛나고 아름다운 것을 보고,

聖賢訓戒之書

셩현훈계지셔와

셩현의 가라티고 경계하신 글과

성현이 가르치고 경계하신 경전을 읽고,

神仙冠珮之畵

신션관패지화ㅣ오

신션이며 관대하고 패옥한 그림을 볼 것이고

신선이 관대와 패옥을 갖춰 입은 그림을 보아야 한다.

不可見

불가견

(보디 못 할디니라)

다음은 보지 마라.

倡優侏儒 猿猴之類

챵우주유 원후지뉴와

광대며 난쟝이며 원승의 뉴와

광대가 난쟁이와 선비, 원숭이 흉내를 내는 것과

戲謔爭鬪之狀 刑罰 曳縛

희학쟁투지상과 형벌 예박

희롱하며 다토난 형상과 형벌이며 두루며 동히며

다툼, 형벌, 예박,

殺害之事 殘形惡疾之人

살해지사와 잔형악질지인

죽이며 해롭게 하난 일과 병신이며 못쓸 병 잇난 사람과

살해하는 일, 잔형, 악질이 있는 사람,

虹霓震電

홍예진뎐과

무디개와 별악과 번개와

무지개, 벼락, 번개,

日月薄蝕 星隕慧孛 水漲火焚

일월박식과 셩운혜발과 수창화분과

일월식과 별이 떠러디며 혜셩 발셩과(혜셩 발셩은 다 재앙의 별) 물이 넘티며 불이 븟흠과

일식, 월식, 별똥별, 혜성, 물이 불어나고 넘치며, 화염에 쌓이고,

木折屋崩 禽獸淫泆

목졀옥붕과 금슈음일

남기 부러디며 집이 문허딤과 새즘생의 음난하며

나무가 부러지거나 집이 무너지는 것, 짐승의 음란한 짓과

病傷及汚穢可惡之蟲

병상과 급오예가오지츙이니라

병들고 샹한 것과 밋더럽고 아쳐로온 버레랄 보디 못 할디니라

병들고 상한 것, 더럽고 미운 벌레들을

姙婦目見

임부목견이라

임부의 눈으로 봄이라

임신부가 눈으로 보지 않아야 할 것이다.

第4節 旣謹目見 耳聞次之

제4절 임신부는 보고 듣는 것에도 삼감이 있어야 한다

人心之動 聞聲而感

인심지동이 문셩이감하나니

사람의 마암 움작임이 소래를 드르면 감동하나니

사람의 마음은 소리를 들으면 감동이 일어나니

姙婦不可聞

임부ㅣ불가문

임부ㅣ

임신부가 듣지 말아야 할 것은

淫樂淫唱 市井喧譁

음악음챵과 시졍훤화와

굿풍류며 잡노래와 져재숫 두어림과

음란한 굿이나 풍류, 저잣거리 상인들의 시끄럽게 떠드는 소리,

婦人誶罵 及凡醉酗

부인쉬마와 급범취후

녀편내 잔걱졍과 밋 대컨숄쥬졍이며

부인네들의 잔걱정과 술주정,

忿辱僾哭之聲

분욕의곡지셩이오

분한 욕질이며 셜운 우람소래랄 듯디 못할 것이오

분하여 욕설하는 소리, 서러운 울음소리,

勿使婢僕 入傳遠外無理之語

물사비복으로 입젼원외무리지어하고

죵들로 하여곰 드러와 먼 밧긔 딱 업슨 말을 젼티 못하게 하고

종들로 하여금 멀리 바깥의 이치에 없는 말을 전하지 못하게 하며,

惟宜有人 誦詩說書

유의유인이 숑시셜셔ㅣ어나

오직 맛당이 사람이 잇셔 귀글을 외오고 녜책을 말하거나

오직 마땅히 사람을 두어 시를 읽고 옛 책을 말하거나,

不則彈琴瑟

부즉탄금슬이니라

아닌즉 거문고나 슬(거믄고 갓고 스물다섯줄이라)이나 탈띠니라

아니면 거문고나 비파 타게 하여

妊婦耳聞

임부이문이라

임부의 귀로 드름이라

임신부의 귀에 들려주어야 한다.

第5節 視聽旣正然後心正

제5절 임신부는 보고 듣는 것을 바르게 한 연후에 마음이 바르게 된다

延醫服藥 足以止病

연의복약이 족이지병이로대

의원을 마자 약 먹음이 병을 족히써 그치되

의사가 처방한 약을 먹으면 병을 낫게 할 수는 있으나

不足以美子貌

불족이미자모ㅣ오

자식의 모양을 족히써 아람답게 못하며

자식의 모양을 아름답게 할 수는 없다.

汛室靜處 足以安胎

신실정쳐ㅣ 족이안태로대

집을 쓰셜고 고요히 잇음이 태랄 족히써 평안케 호대

집에 물을 뿌려 깨끗이 청소하고, 고요히 거처하는 것은 태아를 평안하게는 할 수 있으나

不足以良子材

불족이량자재니

자식의 재목을 족히써 어딜게 못하나니

자식을 재목으로 만들 수는 없다.

子由血成 而血因心動

자유혈셩 이혈인심동일새

자식이 피로 말미암아 닐우고 피마암을 인하야 움작일새

자식은 피로 말미암아 이루어지고, 피는 마음으로 인하여 움직이므로

其心不正 子之成 亦不正

기심이 불졍이면 자지셩이 역불졍하나니

그 마암이 바라디 못하면 자식의 일옴이 또한 바라디 못하나니

그 마음이 바르지 못하면 자식의 이루어짐도 바르지 못하다.

妊婦之道 敬以存心

임부지도난 경이존심하야

임부의 도리난 공경으로써 마암을 안초아

임신부의 도리는 공경하는 마음을 잃지 않아야 하며,

毋或有害人殺物之意

무혹유해인살물지의하며

혹 사람을 해티며 산 것을 죽일 뜻을 두띠말며

혹시라도 사람을 해치며 산 것을 죽일 마음을 먹지 말아야 하며,

奸詐貪竊妒毁之念

간사탐절투훼지염을

간사하며 탐하며 도적딜하며 새옴하며 훼방할 생각으로 하여곰

간사하고, 탐하며, 도적질하고, 시새움하며, 훼방할 생각이

不使蘗芽於胸中

불사얼아어흉중인

가삼속에 싹 뵈디 못하게한 그린 후에아

가슴에 싹트지 못하게 한 후에야

然後 口無妄言 面無歉色

연후에아 구무망언이며 면무겸색이니

입에 망녕된 말이 업고 얼골에 줄잇긴 빗히 업나니

입에 망령된 말이 없고, 얼굴에 원망 품은 색이 없을 것이다.

若斯須忘敬 已失之血矣

약사슈망경이면 이실지혈의니라

만일 잠깐 공경을 이즈면 임의 피가 그랏되나니라

만약 잠깐이라도 공경심을 잊으면 피가 그릇되기 쉽다.

姙婦存心

임부존심이라

임부와 마암 안촘이라

이것이 임신부가 가져야 할 마음가짐이다.

第6節 心正則正言

제6절 임신부는 마음과 말을 바르게 해야한다

姙婦言語之道

임부언어지도난

임부의 말하난 도리난
임신부가 말하는 도리는

忿無厲聲
분무려셩하며
분하여도 모딘 소래랄 말며
화가 나도 모진 소리를 하지 말고,

怒無惡言
노무악언하며
셩나도 못쓸 말을 말며
성나도 몹쓸 말을 하지 말며,

語無搖手
어무요슈하며
말할 제 손즛을 말며
말할 때 손짓을 말고,

笑無見矧
소무현신하며
우슬제 니모음을 뵈디 말며
웃을 때 잇몸을 보이지 말며,

與人不戲言
여인불희언하며
사람으로 더부러 희롱읫 말을 아니하며
사람들과 더불어 희롱하는 말을 하지 말고,

不親詈婢僕

불친이비복하며

몸소 죵을 꾸딋디 아니하며

몸소 부리는 종들을 꾸짖지 말며,

不親叱鷄狗

불친즐계구하며

몸소 닭게랄 꾸딋디 아니하며

몸소 닭, 개 등을 꾸짖지 말 것이고,

勿誑人 勿毁人

물광인하며 물훼인하며

사람을 속이디 말며 사람을 훼방티 말며

사람을 속이지 말며, 사람을 훼방치 말고,

無耳語

무이어하며

귀엣말을 말며

귓속말을 하지 말며,

言無根 勿傳

언무근이어든 물젼하며

말이 뿔희 업거든(난데가 분명티 아닌 말) 젼티 말며

근거가 분명치 않은 말을 전하지 말며,

非當事 勿多言

비당사ㅣ어든 물다언이니라

일을 당티 아냣거든 말을 만히 말띠니라

자기가 당한 일이 아니거든 말을 많이 하지 말아야 한다.

妊婦言語

임부언어라

임부의 말함이라

이것이 임신부의 말하는 도리이다.

第7節 外養則居處爲先

제7절 임신부는 거처를 조심해야 한다

居養不謹

거양불근이면

거처와 길니임을 삼가디 아니면

임신부의 거처와 생활 방식에 유의하지 않으면

胎之保危哉

태지보ㅣ위재라

태의 보젼키 위태한디라

임신을 보전하는데 위태로울 수도 있다.

妊婦旣妊

임부ㅣ긔임에

임부ㅣ임의 아기 배매

임신부가 이미 아기를 가졌거든

夫婦不同寢

부부ㅣ불동침하며

부부ㅣ 한가디로 자지 아니며
부부가 함께 잠자리를 하지 말고,

衣無太溫
의무태온하며
옷을 너모 덥게 말며
옷을 너무 덥게 입지 말며,

食無太飽
식무태포하며
먹기랄 너모 부르게 말며
음식을 너무 배부르게 먹지 말며,

不多睡臥
불다슈와하고
잠과 눕기랄 만히 아냐
너무 오래 누워 잠자지 말고,

須時時行步
슈시시행보하며
부의 때때로 거름 거르며
반드시 때때로 가벼운 행보를 하여 운동을 하며,

不坐寒冷
불좌한랭하며
찬데 안띠 아니며
찬 곳에 앉지 말고,

不坐穢處

불좌예쳐하며

더러온대 안띠 아니며

더러운 곳에 앉지 말며,

勿聞惡臭

물문악추하며

못쓸 내를 맛디 말며

악취를 맡지 말고,

勿登高厠

물등고치하며

놉흔 뒷간에 오르디 말며

높은 곳 있는 측간에 가지 말며,

夜不出門

야불츌문하며

밤에 문에 나디 아니며

밤에 문 밖에 나가지 말고,

風雨不出

풍우불츌하며

바람 비에 나가디 아니며

바람 불고 비오는 날에 나가지 말며,

不適山野

불뎍산야하며

뫼와 들에 가디 아니며

산과 들에 나가지 말고,

勿窺井塚

물규정총하며

우물과 고총을 엿보디 말며

우물이나 무덤을 엿보지 말며,

勿入古祠

물입고사하며

녯 사당에 들디 말며

옛 사당 들어가지 말고,

勿升高臨深

물승고림심하며

놉흔데 오라고 깁흔데 림하디 말며

높은 데 오르거나 깊은데 가지 말며,

勿涉險

물섭험하며

험한데 지나가디 말며

험한 곳을 건너지 말고,

勿擧重

물거즁하며

무거온 것 들디 말며

무거운 것을 들지 말며,

勿勞力過傷

물로력과샹하며

슈고하며 힘써셔 과히 샹토록 말며

노력이 지나쳐 몸을 상하게 하지 말고,

勿妄用鍼灸

물망용침구하며

침과 뜸을 망영되이 쓰디 말며

침, 뜸을 함부로 사용하지 말며,

勿忘服湯藥

물망복탕약이오

약을 망영되이 먹띠 말 것이오

탕약을 함부로 먹지 말아야 한다.

常宜淸心靜處

상의쳥심정쳐하야

샹해 맛당히 마암을 맑히고 고요히 잇어

항상 마음을 맑게 하고 고요하게 거처하여

溫化適中

온홰ㅣ뎍즁하며

다삽고 화긔로옴이 알마초하며

온화하고 알맞게 유지하며,

頭身口目 端正若一

두신구목이 단졍약일이니라

머리와 몸과 입과 눈이 단졍함이 한갈갓티 할띠니라

머리·몸·입·눈이 하나와 같이 단정 하여야 한다.

妊婦居養

임부거양이라

임부의 거쳐와 길니임이라

임신부의 거처와 양육법이다.

第8節 居養亦不得全無事爲

제8절 임신부가 가정에서 할 일

妊婦苟無聽事之人

임부ㅣ구무텽사지인이어든

임부ㅣ구틔여 일맛기리 업것은

임신부는 일을 맡길 사람이 없다 하더라도

擇爲其可者而已

택위기가쟈이이오

그 할 만한 거랄 갈해여 할 뿐이오

할 만한 일만 가려 해야 한다.

不親蠶功

불친잠공하며

몸소 누에치디 아니하며

몸소 누에를 치지 말고,

不登織機

불등즉긔하며

뵈틀에 오라디 아니하며
베틀에 오르지 아니하며,

縫事必謹

봉사랄 필근하야
바나딜을 반다시 삼가하여곰
바느질을 할 때도 조심하여

無使鍼傷手

무사침상슈하며
바날이 손을 상케 말며
바늘로 하여 손을 상하게 하지 말며,

饌事必謹

찬사랄 필근하야
반 빗을 반다시 삼가하여곰
반찬 만드는 일을 반드시 조심하여

無使器墜破

무사긔추파
그랏이 닷텨 께여디게 말며
그릇이 떨어져 깨지게 하지 말며,

水漿寒冷 不親手

슈장한랭을 불친슈
물과 국물 찬 것을 손에 다히디 아니며
찬물에 손을 대지 말 것이며,

勿用利刀

물용리도하며

드난 칼을 쓰디 말며

날카로운 칼을 쓰지 말며,

無刀割生物

무도활생물하며

산 것을 칼로 버히디 말며

산 것을 칼로 베지 말며,

割必方正

활필방정이니라

버히기랄 반다시 모바로 할띠니라

자르기를 반드시 바르게 하여야 한다.

姙婦事爲

임부사위라

임부의 일함이라

이것이 임신부가 할 일이다.

第9節 事爲不可常 故次之以坐
제9절 임신부의 앉고 움직일 때 하지 말아야 할 것

姙婦端坐

임부ㅣ단좌하야

임부ㅣ단정히 안자

임신부는 단정히 앉고,

無側載

무측재하며

기우로 몸 싯디 말며

옆으로 기울이지 말며,

無恃壁

무시벽하며

바람벽장 게디 말며

바람벽에 기대지 말며,

無箕

무긔하며

벗텨 안띠 말며

두 다리를 뻗고 앉지 말며,

無踞

무거하며

거러 안띠 말며

걸쳐 앉지도 말며,

無邊堂

무변당하며

마루 기슭에 말며

마루 가장자리에 앉지 말며,

坐不取高物

좌불츄고물하며

안자 놉흔 것 나리오디 말며

앉아서 높은 곳의 물건을 내리지 말며,

立不取在地

입불츄재디하며

셔셔 따흿 것 집디 말며

서서 땅에 있는 것을 잡지 말며,

取左不以右手

츄자불이우슈하며

왼편의 집기랄 올흔손으로써 아니며

왼편의 물건을 오른손으로 잡지 아니하며,

取右不以左手

츄우불이자슈하며

올흔편의 집기랄 왼손으로써 아니며

오른편의 물건을 왼손으로 잡지 아니하며,

不肩顧

불견고하며

엇개로 도라보디 아니며

어깨까지 움직여 돌아보지 말며,

彌月 不洗頭

미월이어든 불셰두ㅣ니라

달차(아기 배여 여러 달이란 말)거든 머리 감띠 말띠니라

임신하여 만삭이 되거든 머리를 감지 말 것이니

姙婦坐動

임부좌동이라

임부의 안자며 굼덕임이라

이것이 임신부의 앉고 움직일 때의 행동이다.

第10節 人不可以常坐 故次之以行

제10절 임신부가 앉거나 서 있을 때의 행동

姙婦或立或行

임부ㅣ혹립혹행호대

임부ㅣ혹 서며 혹 단니되

임신부가 서 있거나 걸어 다닐 때

無任一足

무임일뚝하며

외발에 힘쓰디 말며

한 발에 몸을 지탱하지 말며,

無倚柱

무의쥬하며

기동을 의지하디 말며

기둥에 기대지 말며,

無履危

무리위하며

위태한데 드대디 말며

위험한 데를 밟지 말며,

不由仄逕

불유측경하며

기우렁 길로 말매 암지 아니며

비탈 샛길로 다니지 말며,

升必立

승필립하며

오랄제 반다시 셔셔 하며

오를 때는 반드시 서서하며,

降必坐

강필좌하며

니릴제 반다시 안자 하며

내릴 때는 반드시 앉아서 하며,

勿急趨

물급추하며

급히 닷디 말며

급히 달리지 말며,

勿躍過

물약과ㅣ니라

뛰여 건너디 말띠니라

뛰어 건너지 말아야 함이

姙婦行立

임부행립이라

임부의 다니며 셤이라

임신부가 섰을 때의 행동이다.

第11節 行立之久 必有寢臥
제11절 임신부가 잠잘 때 주의사항

姙婦寢臥之道

임부침와지도난

임부의 자며 눕난 도리난

임신부의 잠자고 눕는 도리는

寢無伏

침무복하며

잘쩨 업듸이디 말며

잘 때 엎드리지 말며,

臥毋尸

와무시하며

눕기랄 송장톄로 말며

누울 때 시체처럼 똑바로 눕지 아니하며,

身毋曲

신무곡하며

몸을 곱티디 말며

몸을 굽혀서 눕지 말며,

毋當隙

무당극하며

문틈을 당하디 말며

문틈 쪽으로 눕지 말며,

毋露臥 大寒大暑 毋晝寢

무로와하며 대한대셔에 무쥬침하며

한듸 눕디 말며 한치위와 한더휘에 낫잠 말며

덮지 않고 몸을 드러내 잠자지 말며, 한더위와 한추위에 낮잠 자지 말며,

毋飽食而寢 彌月則 積衣在旁

무포식이침하고 미월즉 젹의지방

배불리 먹고 자디 말고 달 차거든 옷을 싸하 엽흘 괴오고

배불리 먹은 후 바로 자지 말며, 만삭이 되면 누울 때 옷을 쌓아 옆에 고이고,

而半夜左臥

이반야자와

반밤은 외오 눕고

밤의 절반은 왼쪽으로 눕고,

半夜右臥

반야우와하야

반밤은 올히 누어써

절반은 오른쪽으로 누워 자야 한다.

以爲度

이위도ㅣ니라

법을 삼을띠니라

이로써 법도를 삼아야 하는 것이

姙婦寢臥

임부침와ㅣ라

임부의 자며 눕기라

임신부의 잠자고 눕는 법이다.

第12節 寢起必食 食最重 故在後

제12절 임신부가 먹을 때 주의사항

姙婦飮食之道

임부음식지도난

임부의 음식하난 도리난

임신부가 음식을 먹을 때에는

果實 形不正不食

과실이 형불졍불식하며

실과가 형상이 바라디 아냐도 먹디 아니며

모양이 바르지 아니하면 먹지 않으며,

蟲蝕不食

츙식불식하며

버레 먹어도 먹디 아니며

벌레 먹은 과일을 먹지 말며,

腐壞不食

부괴불식하며

석어 떠러뎌도 먹디 아니며

썩어서 떨어진 것도 먹지 말며,

瓜菰生菜不食

과라생채랄 불식하며

선물과 상칙랄 먹디 아니며

익지 않은 열매와 푸성귀를 먹지 말며,

飮食 寒冷不食

음식에 한랭불식하며

음식이 차도 먹디 아니며

찬 음식도 먹지 말며,

食饐而餲

사에이에와

밥이 물킈고 쉰이와

상한 밥과 음식을 먹지 말며,

魚餒而肉敗不食

어뢰이육패랄 불식하며

생선이 물고 뭇고기 석으니랄 먹디 아니며

생선과 고기가 상한 것을 먹지 말며,

色惡不食

색악불식하며

빗그른 것을 먹디 아니며

빛깔이 좋지 않은 것을 먹지 않으며,

臭惡不食

츄악불식하며

내암새 그른 것을 먹디 아니며

냄새가 좋지 않은 것을 먹지 않으며,

失飪不食

실임불식하며

끌힘이 그르거든 먹디 아니며

설익힌 것을 먹지 않으며,

不時不食

불시불식하며

때 아닌 것을 먹디 아니며

제철 아닌 것을 먹지 않으며,

肉雖多 不使勝食氣

육슈다ㅣ니 불사승샤긔니라

고기 비록 만흐나 하여곰 밥긔운을 이긔디 아닐띠니라

고기가 많아도 밥보다 많이 먹지 않도록 해야 한다.

服酒 散百脈

복쥬ㅣ면 산백맥이오

술을 먹으면 일백 가지 혈맥이 풀이이고

술을 마시면 백 가지 혈맥이 풀린다.

驢馬肉 無鱗魚 難産

노마육 무린어는 난산하고

나귀며 말고기와 비늘 업슨 물고기는 해산이 어렵고

당나귀와 말고기, 비늘 없는 물고기는 해산을 어렵게 하며,

麥芽葫蒜 消胎
맥아호숸은 쇼태하고
엿기룸과 마날은 태랄 삭히고
엿기름과 마늘은 태를 삭게 하고,

莧菜蕎麥薏苡 墮胎
현채교맥의이는 타태하고
비름과 모밀과 율무는 태랄 떠르트리고
비름과 메밀, 율무는 태를 떨어트리며,

薯蕷 旋葍 挑實 不宜子
셔여 션복 도실은 불의자하고
마와 메와 복성이난 자식에 맛당티 아니코
참마와 메와 복숭아는 자식에게 마땅치 아니하다.

拘肉 子無聲
구육은 자무셩하고
개고기는 자식이 소래 못하고
개고기는 자식이 소리를 내지 못하게 하고,

兎肉 子缺脣
토육은 자결슌하고
톳기고기는 자식이 에청이고
토끼고기는 자식이 언청이 되고,

螃蟹 子橫生
방해는 자횡생하고
방게는 자식이 가라나오고

방게는 자식이 옆으로 나오고,

羊肝子多厄

양간은 자다액하고

양의 간은 자식이 우환 만코

양의 간은 자식이 병치레가 잦고,

鷄肉及卵 合糯米 子病白蟲

계육급란이 합나미면 자병백츙하고

닭고기며 밋알을 찰쌀에 어우루면 자식이 촌백츙이 들고

닭고기와 달걀을 찹쌀과 같이 먹으면 자식에게 촌백충*이 생기고,

* 촌백충 - 촌충寸蟲 혹은 조충絛蟲의 전 용어이다. 사람과 같은 척추동물의 신체에 침입하여 장내 기생한다. 조충병을 일으키며, 복통과 구토를 동반한다.

鴨肉及卵 子倒生

압육급란은 자도생하고

올히고기며 밋알은 자식이 것구루 나오고

오리고기와 오리알은 자식이 거꾸로 나오게 하고,

雀肉 子淫

작육은 자음하고

참새고기는 자식이 음난하고

참새고기를 먹으면 자식이 음란하고,

薑芽 子多指

강아는 자다지하고

새양엄은 자식이 륙가락이오

생강 싹은 자식이 육 손가락을 가지고 나오고,

鮎魚 子疳蝕

뎜어는 자감식하고

머여기는 자식이 감창 먹고

메기는 자식이 감식疳飾*이 잘나고,

* 감식 - 어린아이에게 생기는 병의 하나. 몸과 팔다리가 허는 증상을 보인다.

山羊肉 子多病

산양육은 자다병하고

산양의 고기는 자식이 병만코

산양의 고기는 자식이 병이 많고,

菌蕈 子驚而夭

균심은 자경이요ㅣ니라

버섯은 자식이 경풍하고 쉬 죽난이라

버섯은 자식이 잘 놀라고 요절한다.

桂皮乾薑 勿以爲和

계피건강을 물이위화하며

계피(약재 일홈)와 간강(새양마라니)으로써 양염하디 말며

계피와 마른생강을 같이 양념하지 말며,

獐肉馬刀 勿以爲臛

장육마도랄 물이위확하며

노로고기와 말믿죠개로써 지딤하디 말며

노루고기에 말조개로 국을 끓이지 말며,

牛膝 鬼箭 勿以爲茹

우슬 귀젼을 물이위여하고

쇠무룹(나물 일홈)과 회닙(나모순)으로써 나물하디 말고
쇠무릎에 화살나무 순으로 나물을 무치지 말며,

欲子端正 食鯉魚

욕자단졍이어든 식리어하며
자식이 단졍코뎌커든 리어(물고기 일홈)랄 먹으며
자식이 단정하기를 바라거든 잉어를 먹으며,

欲子多智有力

욕자다지유력이어든
자식이 슬긔 만코 힘 잇고뎌커든
자식이 슬기롭고 기운 세기를 바라거든

食牛腎與麥

식우신여맥하며
쇠 콩팟과 보리랄 먹으며
소의 콩팥과 보리를 먹으며,

欲子聰明 食黑蟲

욕자총명이어든 식흑츙하며
자식이 총명코뎌커든 뮈랄 먹으며
자식이 총명하기를 바라거든 해삼을 먹으며,

當産 食蝦與紫菜

당산이어든 식하여자채ㅣ니라
해산을 당하거든 샤요와 다못마육을 먹을띠니라
해산을 하거든 새우와 미역을 먹는다.

姙婦飮食

임부음식이라

임부의 음식이라

이것이 임신 중 음식의 주의점이다.

第13節 胎教止於產 故以產終焉
제13절 임신부가 출산 시 주의사항

姙婦當產

임부ㅣ당산에

임부ㅣ 해산을 당하매

임신부가 출신하기 전에

飮食充如也

음식츙여야하며

음식을 든든히 하며

음식을 충분히 먹고,

徐徐行頻頻也

셔셔행빈빈야하고

텬텬이 단니기랄 자조하고

천천히 다니기를 자주 하며,

無接襍人

무졉잡인하며

잡사람을 붓티디 말며

잡사람을 만나지 말며,

子師必擇

자사필택이오

자식 보아주리랄 반다시 갈해고

아이를 돌볼 사람은 반드시 가려서 정하고,

痛無扭身

통무뉴신하며

앏아도 몸을 뷔트디 말며

아파도 몸을 비틀지 말며,

偃臥則易産

언와즉이산이니라

쟛밧음히 누으면 해산하기 쉬우니라

뒤로 비스듬히 누우면 출산하기 쉽다.

姙婦當産

임부당산이라

임부에 해산당함이라

이것이 임신부가 출산 시 할 때의 방법이다.

第14節 此節言 胎敎總結

제14절 태교법의 총결

腹子之母 血脈牽連

복자지모난 혈맥이 견연하고

자식 밴 어미난 혈맥이 부터니이고

뱃속의 자식과 어머니는 혈맥이 붙어 이어져

呼吸隨動

호흡이 슈동하야

숨 쉼에 딸아 굼덕여

호흡을 따라서 움직인다.

其所喜怒 爲子之性情

기소희노ㅣ 위자지셩졍하며

그 깃그며 성내는 배 자식의 셩품이 되며

기뻐하며 성내는 것이 자식의 성품이 되고,

其所視聽 爲子之(聰明其所寒暖)氣候

기소시텽이 위자지(총명기소한난)긔후하며

그 보며 둣는 배 자식의 긔운이 되며

보고 듣는 것과 덥고 추운 것이 자식의 기운이 되며,

其所飮食 爲子之肌膚

기소음식이 위자지긔부하나니

그 마시며 먹난 배 자식의 살이 되나니

마시며 먹는 것이 자식의 살이 되니,

爲母者 曷不謹哉

위모쟈ㅣ 갈불근재리오

어미 된 이가 엇디 삼가디 아니리오

어머니 된 이가 어찌 유의하지 않으리오.

제5장 雜論胎敎잡론태교

第1節 胎敎之要

제1절 태교를 위한 어머니의 자세

不知胎敎

불지태교ㅣ면

태교랄 아디 못하면

태교를 알지 못하면

不足以爲人母

불족이위인모ㅣ니

사람의 어미 독히 써 되디 못하리니

어머니가 되기에 부족하니,

必也正心乎

필야졍심호ㄴ뎌

반다시 마암을 바랄띤뎌

반드시 마음을 바르게 가져야 한다.

正心有術

졍심이 유슐하니

마암 바람이 길이 잇으니

바른 마음 갖는 법은

謹其見聞

근기견문하며

그 보며 드람을 삼가며

보고 듣는 것을 삼가고,

謹其坐立

근기좌립하며

그 안자며 섬을 삼가며

앉고 서는 것을 삼가며,

謹其寢食

근기침식호대

그 자며 먹음을 삼가되

잠자고 먹는 것을 삼가되,

無雜焉則 可矣

무잡언즉 가의니

잡됨이 업스면 무던할띠니

잡스럽지 않아야 한다.

無雜之功

무잡지공이

잡됨 업은 공이

잡스럽지 아니한 공이

裕能正心

유능졍심이로대

넉넉히 능히 마암을 바라리로대

넉넉하고 마음을 바로 할 수 있으니,

猶在謹之而已

유재근지이이니라

오히려 삼감에 잇을 뿐이니라

그것은 삼감에 있을 뿐이다.

第2節 難之而 使自求

제2절 스스로 태교의 이치를 깨우치게 하다

寧憚十月之勞

녕탄십월지로하야

엇띠 열달 슈고랄 꺼려 써

어찌 열 달 수고를 꺼려

以不肖其子

이불초기자

그 자식을 갓디 아냐 디게 하고

자식을 못나게 하고,

而自爲小人之母乎

이자위쇼인지모호아

스사로 쇼인(좀사람이란 말)의 어미 되랴

자신 스스로 소인의 어머니가 되려하는가.

曷不强十月之功

갈불강십월지공하야

어이 열달 공부랄 강잉하야 써

어찌 열 달 공부를 힘써 행하여

以賢其子

이현기자

그 자식을 어딜게 하고

자식을 어질게 하고,

而自爲君子之母乎

이자위군자지모호아

스사로 군자(큰사람이란 말)의 어미 되디 아니랴

자신 스스로 군자의 어머니가 되려하지 않겠는가.

此二者 胎教之所由立也

차이쟈난 태교지소유립야ㅣ니

이 두 가시난 태교에 말매암아 션배니

이 두 가지는 태교에 꼭 필요한 까닭이니,

古之聖人 亦豈大異於人者

고지셩인이 역긔대이어인쟈ㅣ시리오

녯 셩인이 또한 엇디 사람에 하다란 쟈시리오

옛 성인이 또한 어찌 보통 사람들과 크게 다르겠는가.

去取於斯二者而已矣

거츄어샤이쟈이이의시니

이 두 가지에서 거츄(한가지 버리고 한가지 잡단 말)할 뿐이시니

이 두 가지를 버리거나 취했을 따름이다.

大學曰 心誠求之

대학에 왈 심셩구지면

대학(경셔 일홈)에 갈아대 마암으로 진실히 구하면

『대학大學』에서 이르기를, "마음으로 정성을 다해 구하면

雖不中 不遠矣

슈불즁이나 불원의니

비록 맛디 아냐도 멀든 아니하니

비록 맞지 아니하여도 멀지는 않을 것이다." 하였으나,

未有學養子而后 嫁者也

미유학양자이후에 가쟈야ㅣ라 하니라

자식 기람을 배혼 후에 셔방 맛난 쟈ㅣ 잇디 아니타 하니라

자식 기르는 법을 배운 연후에 시집가는 사람은 있지 않다.

第3節 承上言求則得之

제3절 계속해서 행하면 얻으리라

爲母而

위모이

어미 되고

어머니가 되고도

不養胎者

불양태쟈난

태랄 기라디 아닛나니난

태를 기르지 아니하는 사람은

未聞胎教也

미문태교야ㅣ오

태교랄 듯디 못함이오
태교를 듣지 못한 것이요,

聞而不行者 畫也

문이불행쟈난 핵야ㅣ라
듯고 행티 아닛나니난 말녀함이라
듣고도 행하지 않는 이는 스스로 행하지 않는 것이다.

天下之物 成於强 隳於畫

텬하지물이 셩어강하며 휴어핵하나니
텬하읫 것이 강잉함에 이루고 말녀 함에 그릇되나니
천하의 모든 일이 힘써 행하면 다 이룰 수 있고, 그만두려함에 그릇되나니

豈有强而不成之物也

긔유강이불셩지물야ㅣ며
엇디 강잉크 못 이루난 것이 잇으며
어찌 힘써 행해서 못 이루는 것이 있으며,

豈有畫而不隳之物也

긔유확이불휴지물야ㅣ리오
엇디 말여 하고 아니 그릇되난 것이 잇으리오
어찌 스스로 그만두려하는데 그릇되지 않는 것이 있으리오.

强之斯成矣

강지면 사셩의니
강잉하면 이루나니
힘써 행하면 이루어지니

下愚無難事矣 畫之 斯隳矣

하우ㅣ 무난사의오 홱지면 사휴의니

말자 미련도 어려운 일이 업고 말녀하면 그릇되나니

어리석고 못난 사람도 어려운 일이 없고, 그만두려 하면 그릇되나니

上智無易事矣

상지ㅣ 무이사의라

웃듬 슬긔도 쉬운 일이 업난디라

훌륭하고 슬기로운 자도 쉬운 일이 없는 것이다.

爲母者 可不務胎教乎

위모쟈ㅣ 가불무태교호아

어미 되니가 태교랄 힘쓰디 아니랴

그러니 어찌 어머니 되는 자가 태교를 힘쓰지 아니하겠는가.

詩曰借曰未知

시왈 챠왈 미지나

시에 갈아대 아디 못한다 하려한들

『시경詩經』에 이르길, "알지 못한다 하려 한들

亦旣抱子

역긔포자ㅣ라 하다

임의 자식을 안앗다 하니라

이미 자식을 낳아 안았다."고 하였다.

제6장 極言不行胎教之害극언불행태교지해

第1節 極言不行胎教之害

제1절 태교를 행하지 않았을 경우의 해로움을 경계하다

養胎不謹

양태불근이

태 기람을 삼가디 아님이

태를 기를 때 삼가지 아니하면

豈惟子之不才哉

긔유자지불재재리오

잇지 자식의 재소 업슬뿐이리오

어찌 자식이 재주가 없는 것뿐이겠는가.

其形也不全

기형야불젼하며

그 형상이 온젼티 못하며

그 형체가 온전하지 못할 수도 있고,

疾也孔多

질야공다하고

병이 심히 만코

병도 매우 많을 수 있다.

又從而墮胎難産

우죵이타태난산하며

또 조차 태도 떠러디며 해산도 어려우며

또한 태아가 유산되거나 해산이 어려우며,

雖生而短折

슈생이단졀하나니

비록 나하도 쉬 죽나니

비록 낳아도 단명할 수 있으니

誠由於胎之失養

셩유어태지실양이라

진실로 태 기람을 그릇함에 말매암은디라

진실로 태의 기름을 그릇되게 한 원인이 있는지라

其敢曰

기감왈

그 감히 갈아대

그것을 감히 말하되,

我不知也

아불지야ㅣ리오

내 몰나라 하랴

'나 몰라라' 할 수 있겠는가.

書曰 天作孼 猶可違

셔왈 텬작얼은 유가위어니와

셔(녯글을 공자게셔 빠시니라)에 갈아대 하날이 지은 재앙은 오히려 가히 피하려니와

『서경書經』에서 이르길, "하늘이 지은 재앙은 피할 수 있으나

自作孼 不可逭

자작얼은 불가환이라 하니라

스사로 지은 재앙은 가히 도망티 못한다 하니라

스스로 지은 재앙은 도망가지 못한다."고 하였다.

제7장 戒人之以媚神拘忌爲有益於胎계인지이미신구기위유익어태

第1節 戒惑邪術

제1절 임신부는 사술에 마음이 혹해지는 것을 경계해야 한다

今之姙子之家

금지임자지가에

이제의 자식 밴 집에셔

요즈음 자식을 가진 임신부의 집에서

致瞽人巫女

치고인무녀하야

쇼경과 무당을 불너

소경과 무당을 불러

符呪祈禳

부주긔양하고

부작이며 진언이며 빌며 푸리하고

부적과 진언으로 빌며 푸닥거리하거나

又作佛事 舍施僧尼

우작불사하야 샤시승니하나니

또 부텨에게 일하야 듕과 승년을 시죠하나니

또 부처를 섬겨 중과 비구니에게 시주하는데

殊不知

슈불지

(자못 아디 못하나니라)

전혀 모르겠다.

邪僻之念 作而逆氣應之

샤벽지념이 작이역긔응지하고

샤그엣 생각이 나면 거슌 긔운이 응하고

그릇된 생각이 나면 거슬린 기운이 이에 응하며,

逆氣成象

역긔셩상에

거슨 긔운이 형상을 일움에

그것이 거슬린 기운이 형상을 이루면

而罔攸吉也

이망유길야ㅣ니라

길한배 업난 줄을(사람의 마암이 순치 아니면 일도 그대로 잘되디 아닌난단 말이라) 자못 아디 못하나니라

좋을 것이 없는 줄 자못 알지 못한다.

第2節 戒存邪心

제2절 임신부는 사사로운 마음을 경계해야 한다

性妒之人

셩투지인은

셩품이 새음 바란 사람은

성품에 시샘이 많은 사람은

忌衆妾有子

긔즁쳡유자하고

여르 쳡의 자식 잇음을 꺼리고

여러 첩의 자식 있음을 꺼리고,

或一室兩姙婦 姒娣之間

혹일실량임부ㅣ면 사뎨지간에도

혹 한방의 두 임부ㅣ면 사뎨(녀편내 맛동셔랄 사라 하고 아랫동셔랄 뎨라 하나니라) 사이에

혹 한 집에 두 임신부가 있으면 위아래 동서 사이에도

亦未相容

역미상용하나니

또한 서로 용납디 못하나니

서로 사이가 좋지 않다.

持心如此

지심여차ㅣ오

마암가딤이 이럿코

마음가짐이 이러하고서야

豈有生子而才且壽者

긔유생자이재챠슈쟈ㅣ리오

엇디 자식 나하 재조 잇고 또 오래 살쟈ㅣ 잇으리오

어찌 낳은 자식이 재주가 있고 또 오래살기를 바라겠는가.

吾心之天也

오심지텬야ㅣ라

내 마암이 하날이라
내 마음이 하늘이니

心善而天命善
심션이텬명션하고
마암이 착하면 하날 주심도 착하고
마음이 착하면 하늘에서 주시는 것도 착하고,

天命善而及于孫子
텬명션이급우손자하나니
하날 주심이 착하면 손자 자식에게 밋나니
하늘에서 주신 착함은 자손에게 미친다.

詩曰 豈弟君子
시왈 개뎨군자ㅣ여
시에 갈아대 개뎨(슌편한 모양)한 군자ㅣ
『시경詩經』에 이르길, "마음이 즐겁고 편안한 군자여

求福不回
구복불회라 하니라
여복을 구함에 샤회랄 아닛난다 하니라
복을 구함에 사악한 일을 아니 하도다." 하였다.

제8장 雜引以證胎教之理申明第二章之意

잡인이증태교지리신명제이장지의

第1節 養胎之所當然

제1절 태아를 잘 길러야 하는 것은 당연하다

醫人 有言曰 母得寒兒俱寒

의인이 유언왈 모득한아구한하며

의원 사람이 말이 잇어 갈아대 어미 찬 병을 엇으면 아해도 차디고

의인이 말하기를, "어머니가 찬 병을 얻으면 태아도 차지고,

母得熱兒俱熱 知此理也

모득열아구열이라 하니 지차리야ㄴ댄

어미 더혼 병을 엇으면 아해도 더흡다 하엿으니 이런 묘리랄 알면

어머니가 더운 병을 얻으면 태아도 더워진다."고 하였다. 이런 이치를 알아야 한다.

子之在母 猶瓜之在蔓

자지재모난 유과지재만이라

자식이 어미에게 잇음은 외 너출에 잇음 갓한디라

자식이 어머니 배 속에 있는 것은 오이가 넝쿨에 달려 있는 것과 같다.

潤燥生熱

윤조생슉이

부르며 말으며 설며 익음이

젖으며·마르며·설며·익음이

乃其根之灌若不灌也

내기근지관약불관야ㅣ니

이에 그 뿔희의 물 젓음과 다못 물 젓디 못함이니

바로 그 뿌리에 물을 대주고 아니 대주고에 달려 있다.

吾未見

오미견

(내 보디 못하게라)

내 보지 못했다.

母身不攝而胎能養

모신불섭이태능양하며

어믜 몸이 됴셥 못하고도 태 능히 길니이며

어머니가 몸을 잘 보살피지 못하고도 태아를 길러내고

胎不得養而

태불득양이

태 길니임을 엇디 못하고도

태아를 잘 기르지 법을 얻지 못하고도

子能才且壽者也

자능재차수쟈야케라

자식이 능히 재조 잇고 또 오래 산 쟈랄 내 보디 못하게라

자식이 재주 있고 오래 사는 자를 내 일찍이 보지 못하였다.

第2節 養胎之所己然又歎其不行
제2절 태교를 행하지 아니함을 탄식하다

孿子面貌必同

산자면모필동은

쌍생의 얼골이 반다시 갓함은

쌍둥이의 얼굴이 반드시 같은 것은

良由胎之養 同也

양유태지양이 동야ㅣ오

진실로 태의 길니임이 갓함에 말매암음이오

진실로 태의 양육이 같기 때문이며,

一邦之人 習尙相近

일방지인의 습상샹근은

한 나라 사람의 버릇과 숭상함이 서로 갓가옴은

한 나라 사람의 버릇과 숭상함이 서로 같은 것은

養胎之食物 爲敎也

양태지식물이 위교야ㅣ오

태기랄 제 먹은 것이 식이임이오

태아를 기를 때 먹는 음식에서 영향을 받은 바이며,

一代之人 品格相近

일대지인의 품격샹근은

한 님군 때 사람의 긔품과 골격이 서로 갓가옴은

한 세대의 기품과 골격이 서로 가까운 것은

養胎之見聞 爲敎也

양태지견문이 위교야ㅣ니

태기랄 제 보고 드람이 식이임이니

태아를 기를 때 보고 듣는 것에서 영향을 받은 바이다.

此三者 胎敎之所由見也

차삼쟈난 태교지소유현야ㅣ라

이 세가지난 태교의 말매암아 뵈인 배라

이 세 가지는 태교에서 비롯된 바이다.

君子旣見胎敎之如是其皦

군자ㅣ긔견태교지여시기교ㅣ오

군자ㅣ임의 태교의 이렷틋 밝음을 보고도

군자가 태교를 해야 할 까닭이 이렇듯 명백한데도

而猶不行焉 吾未之知也

이유불행언하나니 오미지지야ㅣ로라

오히려 행티 아닛나니 내 아디 못하노라

오히려 행하지 않으니 내 그 까닭을 알지 못하겠다.

제9장 引古人已行之事인고인이행지사

第1節 引古人已行之事以實一篇之旨
제1절 옛 사람들은 태교를 충실히 행하였다

胎之不敎 其惟周之末 廢也

태지불교난 기유쥬지말에 폐야ㅣ라

태의 가라티디 아님은 그 오직 쥬나라 끗헤 바림이라

태교를 가르치지 아니한 것은 오직 주나라 말기에 폐해진 때부터이다.

昔者 胎敎之道 書之玉版

셕쟈에 태교지도랄 셔지옥판하야

녯덕에 태교의 도리랄 옥널쪽에 써서

옛날에는 태교의 도리를 옥판에 써서

藏之金櫃

장지금궤하야

금궤에 녀허

금궤에 넣어

置之宗廟 以爲後世戒

치지종묘하야 이위후셰계라

종묘(나라 사당)에 두어써 훗사람의 경계랄 삼은

종묘에 두어서 후세의 경계로 삼았다.

故太任娠文王 目不視邪色

고로 태임이 신문왕하샤 목불시샤색하시며

고로 태임(쥬나라 시조 문왕의 어마님 셩이 임시)이 문왕을 배샤 눈에 샤긔로온

빗홀 보지 아니시며

그 때문에 주나라 시조 문왕의 어머니 태임께서 문왕을 배었을 때 눈으로 사기한 빛을 보지 아니하시며,

耳不聽淫聲

이불텽음셩하시며

귀에 음난한 소래랄 듯디 아니시며

귀로는 음란한 소리를 듣지 아니하시며,

口不出敖言

구불출오언이러시니

임에 오만한 말을 내디 아니터시니

입으로는 오만스러운 말을 내지 아니하셨다.

生文王而明聖

생문왕이명셩하시늘

문왕을 나하매 밝고 셩(셩은 모라난 일이 업슴이라)하샤늘

문왕을 낳으니 밝고 성스러우시거늘

太任敎之 以一而識百

태임이 교지하샤대 이일이식백이러시니

태임이 가라티샤대 하나흐로써 일백을 아더시니

태임께서 가르치시되 하나를 가르치면 백 가지를 아시더니

卒爲周宗

졸위쥬종하시고

마참내 쥬나라 읏듬 님군이 되시고

마침내 주나라의 으뜸가는 임금이 되셨다.

邑姜妊成王於身

읍강이 임셩왕어신하샤

읍강(문왕의 안해오 셩왕의 어마님 셩이 강시)이 셩왕을 몸에 배샤

읍강께서 성왕을 몸에 배었을 때는

立而不跛

립이불파하시며

서기랄 츼드대디 아니시며

서 있을 때 한 발에만 힘주어 서지 아니하시며,

坐而不蹉

좌이불차하시며

안끼랄 기우로 아니시며

앉을 때는 조심스럽게 앉아 몸을 기우뚱거리지 아니하시며,

獨處而不踞

독쳐이불거하시며

혼자 잇을제 거러안디 아니시며

혼자 있을 때도 자세를 거만하게 취하지 아니하시며,

雖怒而不詈 胎教之謂也

슈노이불리하더시니 태교지위야ㅣ러라

비록 셩나도 꾸디럼을 아니터시니 태교의 일홈이러라

비록 성나도 꾸지람을 아니 하셨다. 이것이 태교를 말함이다.

제10장 推言胎教之本추언태교지본

第1節 乃責丈夫 使婚人因而贊之
제1절 태교의 본을 거듭 강조하다

胎敎曰 素成爲子孫

태교에 왈 소셩은 위자손호대

태교(한가의 지은 신셔 옛글 일홈이라)에 갈아대 본대 일움(이 또한 태교랄 이람이라)은 자손을 위하오대

『태교胎敎』에 이르길, "본디 자손을 위하여

婚妻嫁女

혼쳐가녀에

안해 혼인과 딸 셔방 맛티매

며느리를 맞고 딸을 시집보내는데

必擇孝悌

필택효뎨와

반다시 효도롭고 공슌하니와

반드시 효도하고 공손한 사람과

世世有行義者

셰셰유행의쟈ㅣ라 하니

대대로 올흔 일 행하니 잇난 쟈랄 갈힌다 하니

대대로 의로운 일을 행한 사람을 가려 선택해야 한다."고 하였으니,

君子之敎 莫先於素成

군자지교ㅣ 막션어소셩이어늘

군자의 가라팀이 본대 일움에 압섬이 업거날
군자의 가르침은 본디 이루는 데 앞서지 않거늘

而其責乃在於婦人

이기책이내재어부인이라
그 책망이 이에 녀편내게 잇난
그 책임은 곧바로 부인에게 미친다.

故賢者擇之

고로 현쟈랄 택지호대
고로 어딘 쟈랄 갈해되
그런 까닭에 어진 자를 가려 뽑고,

不肖者教之 所以爲子孫慮也

불쵸쟈랄 교지난 소이위자손려야ㅣ니
갓디 아닌 쟈랄 가라팀은 써 자손을 위하여 념려하난 배니
모자란 자를 가르치는 것은 자손을 위하여 염려하는 바이니,

苟不達聖人道者 其孰能與之

구불달셩인도쟈ㅣ면 기숙능여지리오
진실로 셩인의 도리랄 사못디 아니한 쟈ㅣ면 그 뉘 능히 참예하리오
진실로 성인의 도리를 잘 알지 못하면 그 누가 능히 참여할 수 있겠는가.

태교신기 주제 서예작품

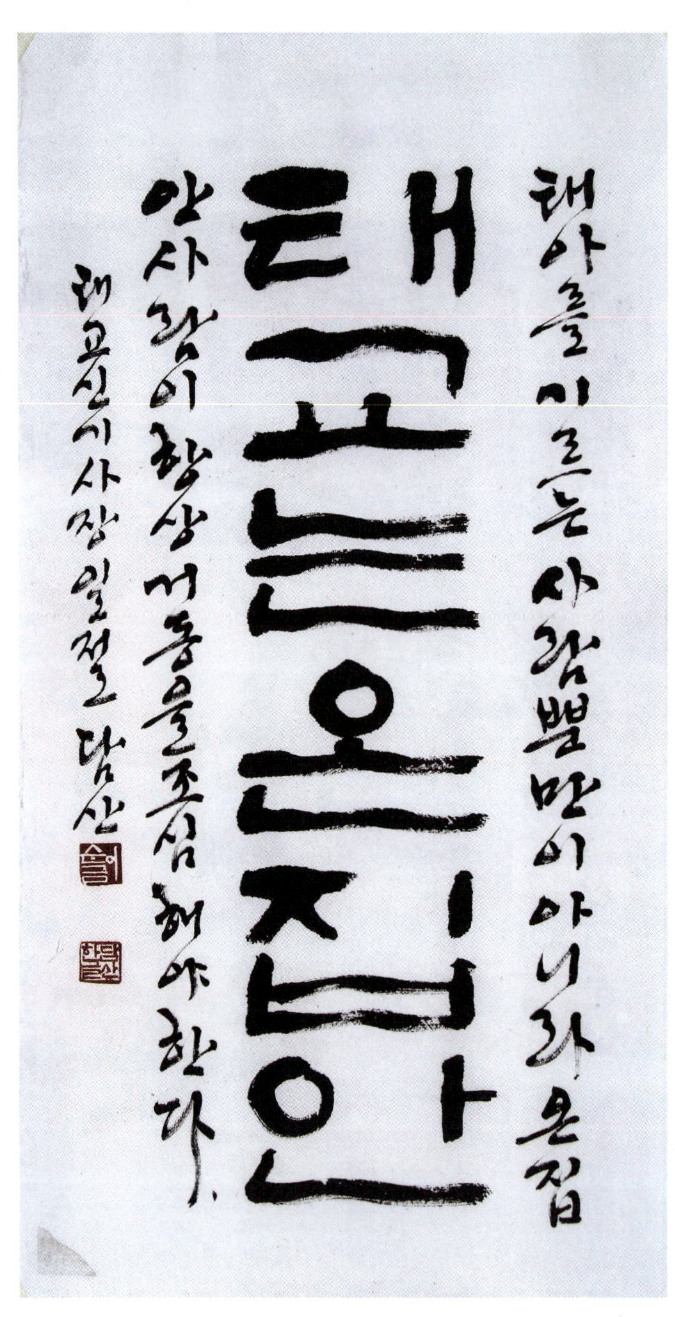

〈태교신기 4장 1절〉

恭敬相接

부부가 되면 항상 공경하는 마음으로
서로 대하며 우스갯소리로도 낮추어
대하지 말아야 한다

태교신기 일장 삼절
담산 이순금

〈태교신기 1장 3절〉

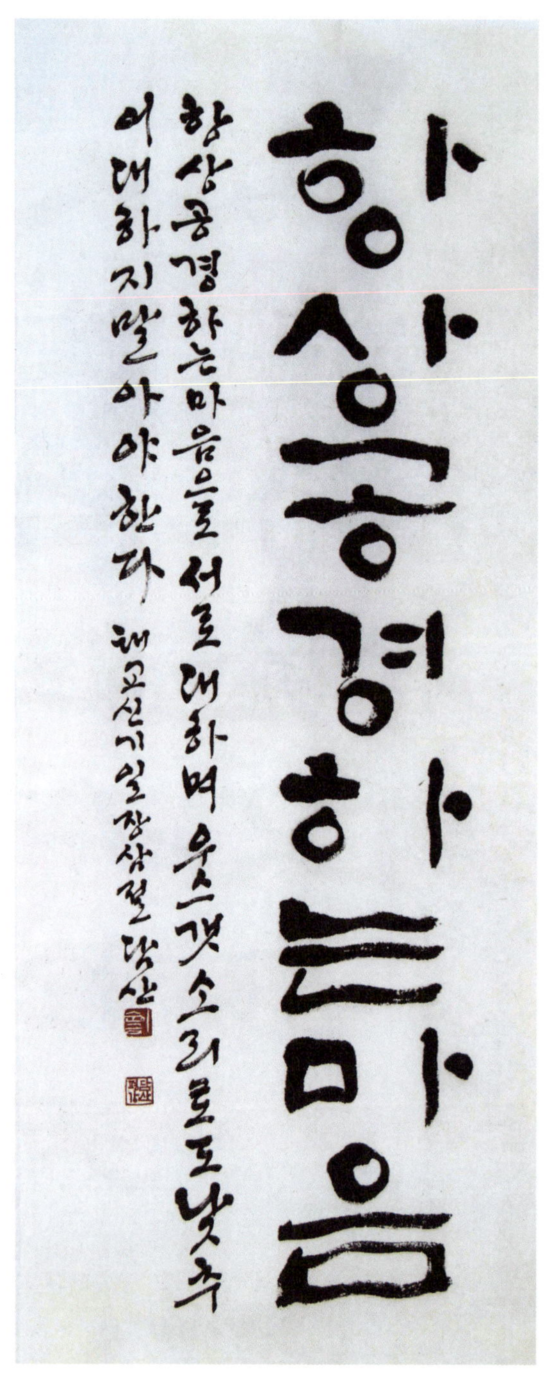
항상공경하는마음
항상공경하는마음으로서로대하며우스갯소리로도낮추
어대하지말아야한다
태교신기일장삼절 당산

〈태교신기 1장 3절〉

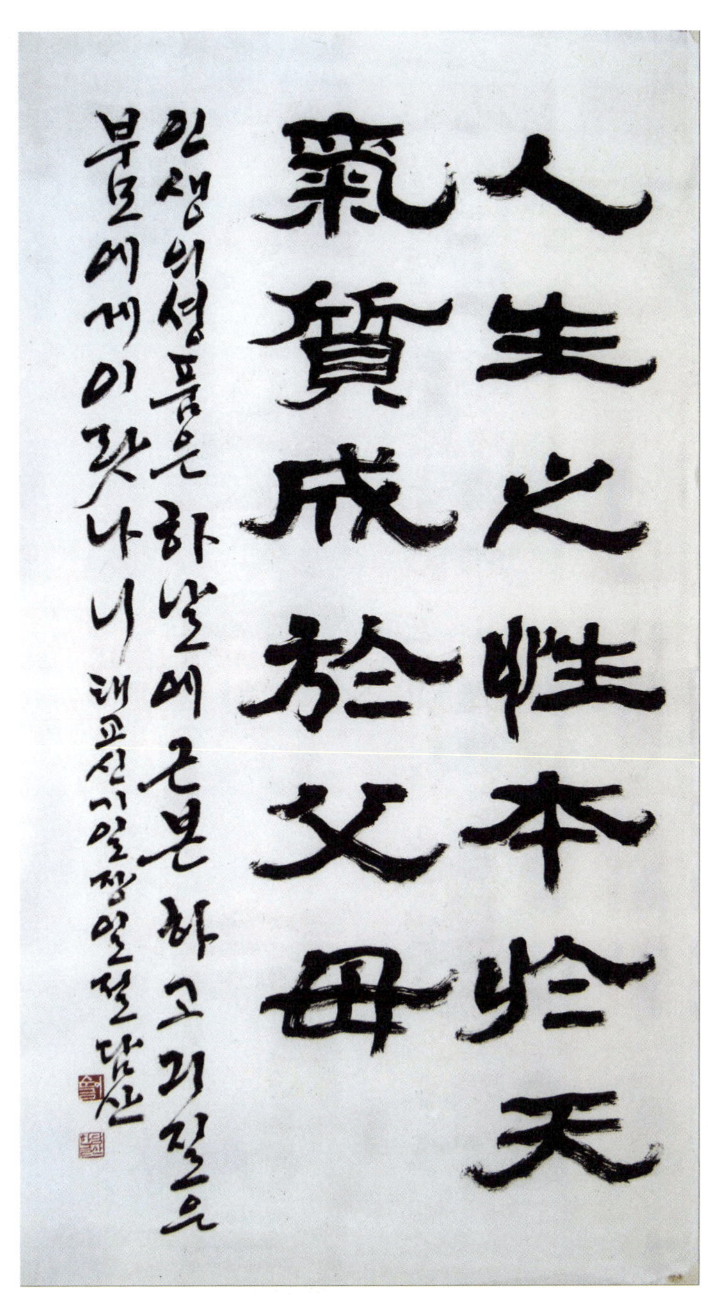

〈태교신기 1장 1절〉

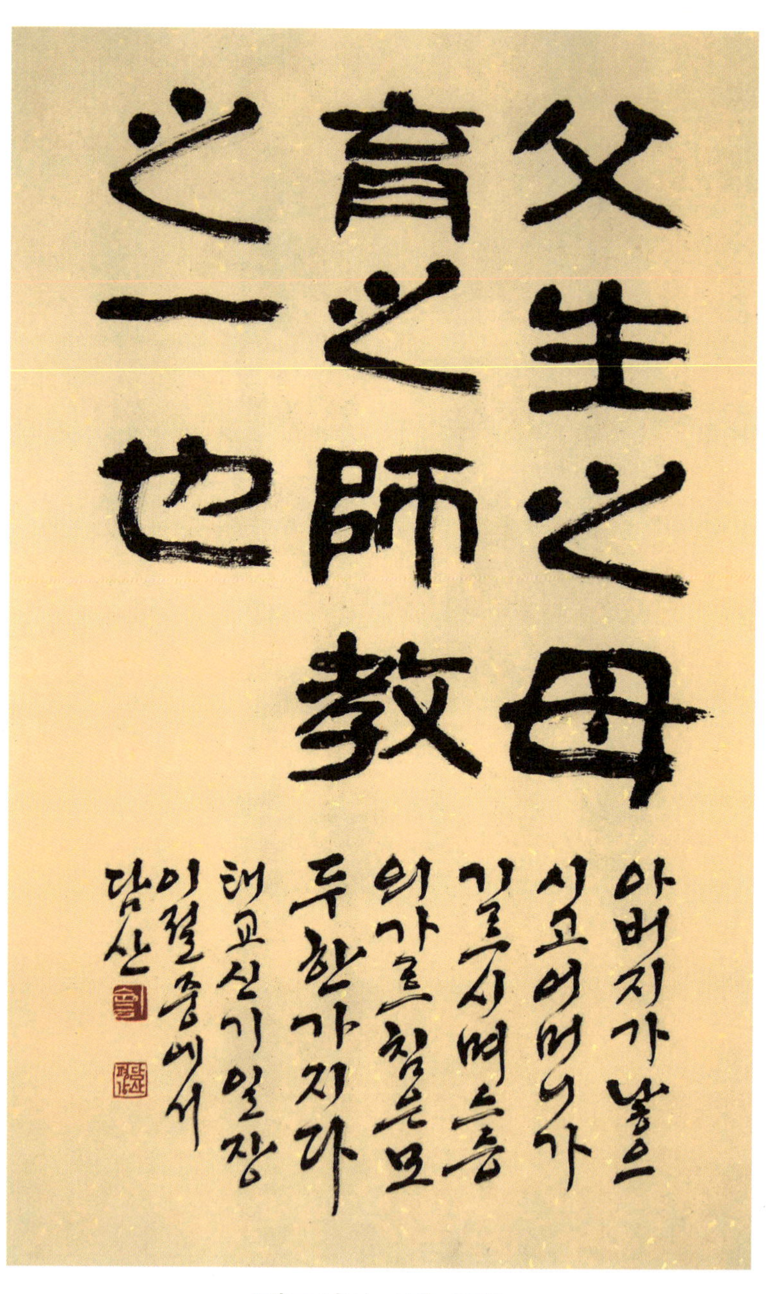
父生之母
育之師教
之一也
아버지가 낳으
시고 어머니가
기르시며 스승
의 가르침은 모
두 한가지다
태교신기 일장
이절 중에서
담산

〈태교신기 1장 2절〉

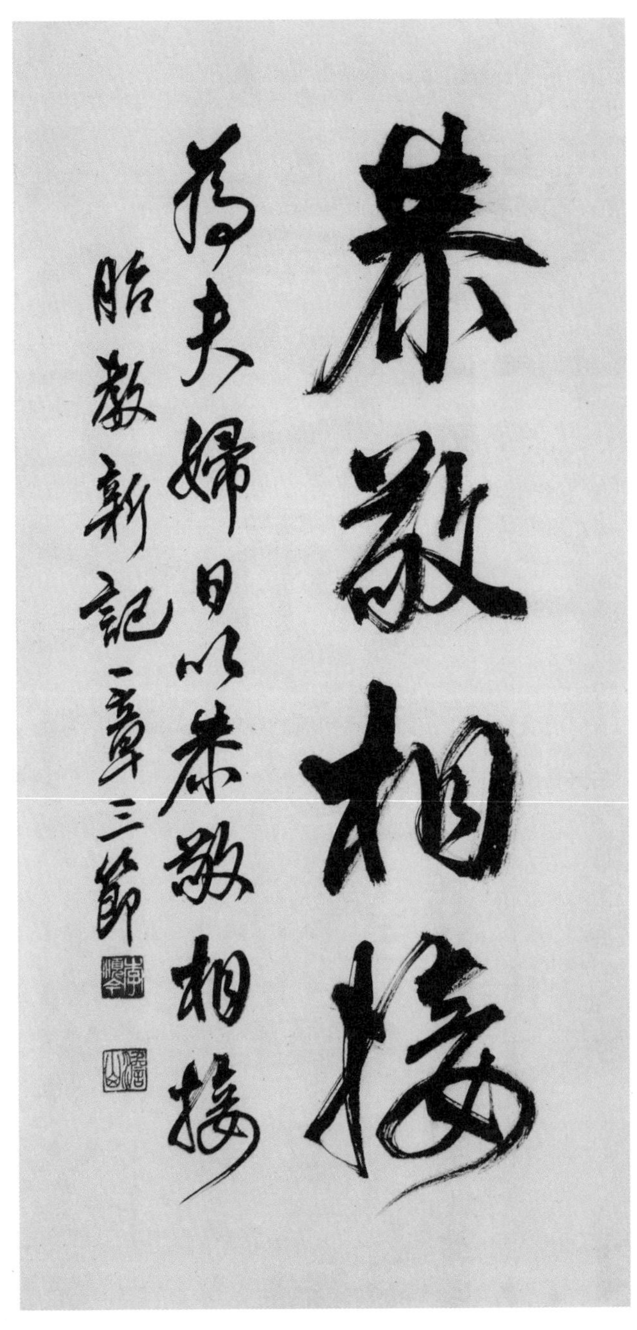

〈태교신기 1장 3절〉

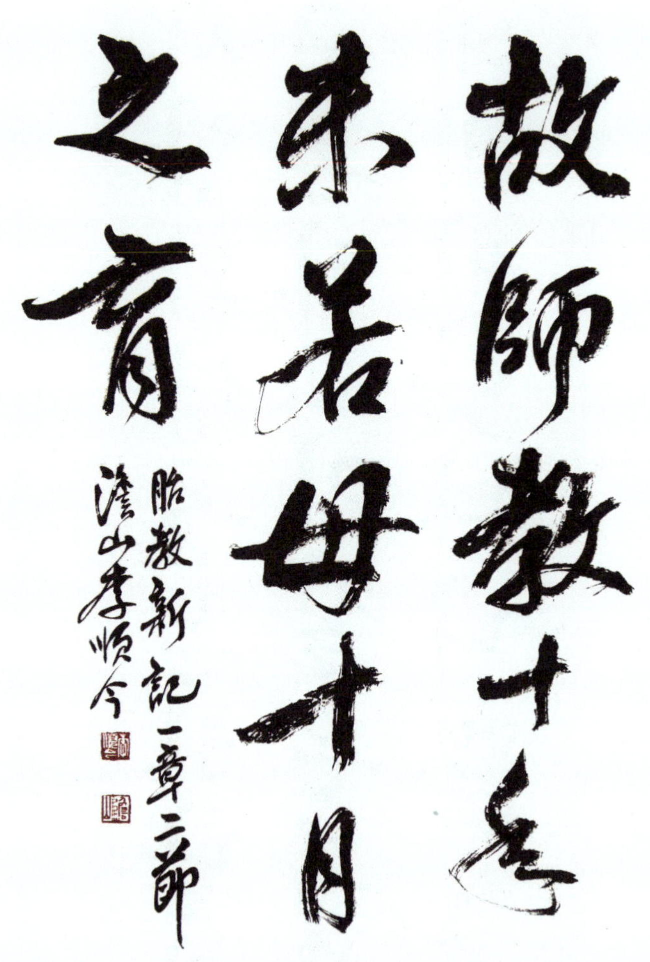

〈태교신기 1장 2절〉

사람의 셩품은 하날에
근본하고 긔질은 부모
에게 이랏나니

태교신기 일장 일절
담산

〈태교신기 1장 1절〉

唯宜有人誦詩說
書來則彈琴瑟

오직 마땅한 사람을 두어 시를 읽고 글을 외우고
옛날 책속의 글을 말하거나 아니면 거문고나 비파
를 타게 하여 임신부의 귀에 들려주어야 한다

태교신기 사장 사절 담산

〈태교신기 4장 4절〉

남편의 성을 받아서 자식을 낳
을 때까지 임신열달 동안은 예
가 아니면 보지 말며 예가 아니면
듣지 말며 예가 아니면 입으로
말하지 말며 예가 아니면 행동하
지 말며 예가 아니면 생각하지도 말
아야 한다 이렇게 마음으로 백체
를 알게 하여 지각과 온몸으로
순하고 바르게 하여서 자식을 기르
는 것이 임신부의 도리다.

태교신기일장 只言 敎字 중 태교의 책임은
어머니에게도 있다 중략하여 적다 당산

〈태교신기 1장 4절〉

受슈夫부之지姓셩하야以이還환之지夫부호대
十십月월을不블敢감有유其기身신하야非비
禮례勿믈視시하며非비禮례勿믈聽텽하며非비禮
례勿믈言언하며非비禮례勿믈動동하며非비禮례
勿믈思사하야使사心심知지百백體톄로皆개由
유順슌正졍하야以이育육其기子자者쟈난母모
之지道도也야이다
디아븨姓셩자식을니람이라을바다써디아븨게도라보
낼새열달을敢감히그몸을임의로못하여禮례
아니어든보디말며禮례아니어든듯디말며禮례아니
어든니라디말며禮례아니어든움작이지말며禮례아니
어든생각디말아하여곰마암과지각과백가지몸으
로다順슌하고바라게하야써그자식을기라난者쟈
난어미의도리이니라

태교신기 일장사절 언해본을 적다 당산

〈태교신기 1장 4절〉

〈태교신기 5장 1절〉

〈태교신기 4장 7절〉